DEVELOPMENT EXPLORATION ON EMPOWERING ENTERPRISES WITH EXCELLENT BUSINESS QUALITY MANAGEMENT

新时代河南企业创新发展论丛

卓越经营质量管理
赋能企业发展探索

瑞贝卡蝶变之路

曹永辉 / 著

社会科学文献出版社
SOCIAL SCIENCES ACADEMIC PRESS (CHINA)

新时代河南企业创新发展论丛

总 主 编 薛玉莲

执行主编 牛全保 罗仲伟 李东进

编 委 会 （以姓氏笔画为序）

牛全保 田启涛 孙 坚 李东进 李志兰

罗仲伟 赵现红 董伶俐 谢香兵 蔡树堂

潘 勇 潘克勤 薛玉莲

总　序

　　地处中原地区的河南是华夏文明的重要发祥地，这片热土孕育出了璀璨的历史文明和无数的英雄人物。河南是华夏文明中商人、商业、商业文化的重要发源地，也是考古学界、史学界的共识。自古以来，这里就有比较浓厚的商业氛围，人们也有较为敏锐的商业意识，涌现出滋润中华商业及商业文化的众多人物和事迹，脍炙人口、流芳后世。

　　3800 年前的商代，河南商丘人王亥"肇牵车牛远服贾"，也就是用牛车拉着货物到远地的外部落去做生意，被奉为商业鼻祖。作为最早从事货物交易的商族人，后来被外部落的人赋予"商人"称谓。"商人"一词，沿袭至今。据历史考古，在商丘柘城老君堂遗址中曾出土商代早期的贝币 200 多枚，成为"商人"交易的见证。

　　孔老夫子的高足子贡，是河南浚县人，他善于经商致富，并以坚守"为富当仁"信条彪炳史册。正是在子贡的资助下，孔子才得以周游列国。被后人称为"商圣"的范蠡，是河南南阳人，他帮助越王勾践灭吴复国，在尊荣集于一身、权力达至顶峰之际，却"于天上看见深渊"，选择急流勇退、泛舟五湖，最后隐身于商业。其间三次经商成巨富，三散家财，自号陶朱公，成为中国儒商之始祖。河南新郑人弦高，在经商途中遇到了秦师入侵，遂以自己的十五头牛为代价智退秦军，挽救了郑国。享有"商祖"之誉的白圭是河南洛阳人，其在战国时期就创立的"人弃我取，人取我予"经商策略，至今仍为人们广泛运用。《吕氏春秋》的作者吕不韦是河南濮阳人，被誉为中国历史上最成功的商人、古今中外第一风险投资商，成为恢宏的豫商代表人物。西汉时的河南唐河人樊重善于农稼，爱好货殖，且乐善好施、扶危济困，是流芳史册的商人楷模之一。同时期的洛阳畜牧商人卜式，为帮助汉武帝打败匈奴平定边患，捐出了一半的财产充作军费，并且于战争结束后再次捐款用于移民实边。

明末清初，河南巩义的康氏家族以置办土地和店铺起家，靠河运贩盐发财，靠土地致富，创下"富过十二代，历经 400 年不败"的康百万时代，"头枕泾阳、西安，脚踏临沂、济南；马跑千里不吃别家草，人行千里全是康家田"是其真实写照，时列三大"活财神"之首，也使古代豫商达到了发展巅峰。

总之，在中华文明的历史长河中，豫商是中国商帮中非常重要的群体。千年豫商曾经创造了辉煌的历史，为中国的商业理论、商业实践和商业文化的确立和发展做出了伟大的贡献。

豫商作为中华文明发展史上最早的商业群体，其经商精神与中国传统文化一脉相承，并有独具特色的文化特征。豫商将儒家文化与商业结合起来，往往处变不惊、深藏不露，克服了根深蒂固的"学而优则仕""尊儒黜商"的传统观念，推崇文化，兼容并蓄，亦儒亦农亦商。有研究者指出，概括而言，豫商的商业特性主要体现在诚信为本、质量求胜，为富当仁、扶危济困，政商相融、爱国情怀，把握市场、注重供求等四个方面。当然，豫商商业特性及豫商文化的养成，离不开传统而深厚的儒家文化以及中原文化与豫商文化的和谐融通。

当改革开放的春潮席卷中原大地之时，由民营企业家群体构成的新一代豫商应运而生并快速成长。伴随着建设中国特色社会主义市场经济的历史进程，他们抓住破茧而出、再次崛起的良机，通过艰苦奋斗、顽强打拼，不断地创造辉煌成绩，不停地超越自己，书写了一个又一个商业传奇，铸就了新豫商这个响亮的"品牌"。如今，新豫商作为河南的一张新时代名片越来越响亮，影响越来越大，由新豫商创建和经营的新豫企，成为河南经济发展的中流砥柱，为经济和社会的发展做出了不可或缺的突出贡献。

随着中国特色社会主义进入新时代，河南作为全国重要的经济大省、人口大省，有厚实基础、有独特优势、有巨大潜力保持经济持续稳定发展，从而使新豫商、新豫企站在了新的历史起点上。特别是黄河流域生态保护和高质量发展、促进中部地区崛起两大国家战略叠加，为新豫商、新豫企的高质量发展提供了机遇。

习近平总书记 2019 年 9 月亲临河南视察工作时，把"中原更加出彩"与中国梦联系在一起。新豫商、新豫企深感初心如磐，使命在肩。为此，在深入、系统地研究豫商发展史，总结豫商经验，弘扬豫商精神的基础上，不断壮大新豫商队伍，振兴新豫企经济，不仅是河南民营经济实现突破、达成超越的现实要求，也是实现区域经济发展、"中原更加出彩"的客观需要。

正是在上述背景下，河南财经政法大学组织以工商管理学院为主的相关专业师生，深入企业基层开展调研，旨在以全球经济竞争为视野，从工商管理等学科的学术层面深入研究、细致刻画进入 21 世纪后中原大地上产生的具有典型性的领先企业创新实践，客观、准确地反映新豫商、新豫企因应新产业革命而创新发展的特色、远景和管理学启示，同时从区域层面展望新时代企业经营管理的发展趋势。而将陆续形成的研究成果结集成多部专著，就成为这样一套富有特色的丛书。

总体上看，这套丛书力争体现以下特色。

一是时代前瞻。紧紧扣住数字智能新时代对微观经济实体提出的现实挑战和提供的重大机遇，梳理新豫商、新豫企的具体创新性实践，发现和揭示具有示范性、引领性甚至颠覆性的企业创新实践路径，而不是简单地对经典教科书或传统管理理论的重新整理。

二是问题导向。聚焦数字智能新时代新豫商、新豫企的战略决策和经营管理，着眼于最具特色的新豫企创新实践及其突破性实绩，展现新豫商、新豫企的时代经营特性和商业精神，而不是面面俱到的新豫企发展史或者新豫商企业家的个人奋斗史。

三是案例分析。以经典、规范的案例研究方式对新豫商、新豫企的创新实践展开学术分析，通过符合逻辑的学理性思考和分析，增进对新豫商、新豫企经营管理实践和创新的认识，并构建企业经营管理理论，而不是对企业经营经验和绩效的一般性总结。

新豫商、新豫企涉及一个动态发展的过程，对新豫商、新豫企的认识同样是一个不断深入的过程，这样就需要研究长期持续下去，以不断反映这片热土上激动人心的伟大创造和变化，不断充实中国特色社会主义工商管理理论和相关学科内容。衷心希望这套丛书的出版有助于促进对新豫商、新豫企的研究，推动更多有特色、高质量的研究成果为新时代管理实践服务，为工商管理理论创新服务，为工商管理教育服务。

前　言

为挖掘企业管理特色、探究企业管理模式，针对中原典型企业进行了深入研究，策划出版了"新时代河南企业创新发展论丛"。选题遵循以下要求：一是选题应围绕国家重大发展战略，立足服务河南省和中原经济区的建设和发展，体现鲜明的时代特征和创新价值，具有现实性、针对性和前瞻性；二是选题应主要围绕重点学科方向，注重典型性、时代性和可行性，具有中原本土特色，鼓励校企合作和多学科交叉研究；三是选题及其主要研究内容应避免与国内已有企业案例研究重复。

基于此，笔者选择了河南瑞贝卡发制品股份有限公司，一方面因为该企业确实非常优秀，而且代表河南企业的特色，另一方面因为笔者对该企业较为熟悉，与该企业进行过深入的项目合作，能够将公司的内在发展机制，尤其是企业从创业到现在健康成长的卓越经营能力阐释清楚，给大家展示一个真实的瑞贝卡。

本书主要研究瑞贝卡公司多年来可持续成长的秘诀，即卓越经营质量管理如何赋能企业的未来与持续健康发展，从而形成了独具特色的企业卓越经营质量管理模式"瑞贝卡蝴蝶"。以下是研究中涉及的基本内容要素及各要素之间的逻辑关系。

第一，产品定位：优质——质量体系认证、原辅材料质量把控、过程控制，严把产品质量关；时尚——在全球设有研发中心，捕捉发型流行趋势，每年研发出上千种发型款式，引领发型时尚潮流。

第二，双驱动：创新——拥有自主知识产权；品牌——拥有自主知名品牌。

第三，双循环：立足国内，面向国际，实现全产业链布局和全球化产销研。

第四，保障体系：标准化——起草制定国家标准和行业标准，组织实施多项管理体系认证；工业化——产品制作过程引入机械化和半机械化，在确保产品稳定性的同时，降低人工成本；信息化——坚持以流程为导向，建设具备公司自身特色的信息化系统，在数据集成综合平台上，确保各子系统间的数据集成与共享。

内在逻辑关系：产品定位是质量管理的目标追求和公司的发展方向，双驱动为质量管理提供了驱动力，双循环是公司产业布局的本质特征、是质量管理模式运行的特定领域，"三化"融合为组织运行和质量管理提供了基础保障和技术条件。聚合在一起就形成了一只可以在世界舞台上翩翩起舞的瑞贝卡蝴蝶。

研究成果具有一定的先进性、独特性以及在行业内复制推广的价值，以期给相关企业提供借鉴。

第一，先进性。公司专注于发制品的研发、生产、销售与品牌运营，致力于为全球爱美人士提供满意的发型解决方案，致力于将瑞贝卡建设成为具有全球影响力的"顶上时尚"企业集团，在双循环的大背景下公司继续践行全球产业链布局，公司技术诀窍及品牌形象不断得以强化，多年来公司获得了良好的行业和社会口碑，在社会上树立了良好的形象，得到政府及社会各界的充分认可，为公司的持续发展奠定了信用基础。

第二，独特性。质量、环境、职业健康、高级海关认证、计量体系认证和能源管理体系结合的管理模式覆盖公司运营全过程，具有系统、协调、不断创新发展特点的质量管理模式，因与瑞贝卡组织环境、人员配置、企业精神以及发制品行业生态协调匹配而具备独特性。

第三，推广价值。公司践行双驱动、双循环的"三化"质量管理模式，在技术研发、品牌影响、企业声誉、全球化产业布局和质量管控等方面表现卓越，使公司成为发制品行业领先的生产商和销售商、信息化建设和管理的先行者、行业技术开发与创新的先锋，该模式具备创新推广价值。

　　作为上市公司，瑞贝卡的财务数据是可以公开获得的，本书对企业的一些数据和关键信息进行了适当处理。在突出企业管理特色的同时，也保护了公司的商业信息，同时也为读者展示了一个较为完整的河南企业特色案例。本书可以作为工商管理、供应链管理、创业管理以及电商物流、国际贸易等相关专业教师和学生的参考用书，也适用于从事相关工作的研究机构、企业组织、政府管理部门人员。

　　本书的完成，得到多位学者和企业家的支持，包括牛全保老师、贾兴洪老师、瑞贝卡公司乔振经理以及公司的多位高管，他们提供了案例素材并对相关章节的内容提出了宝贵的修改意见，姜贺老师承担了部分章节的编撰工作，其他老师和研究生对文献搜集、案例整理也做了一定的工作，在此一并表示感谢。同时，由于时间仓促和笔者能力有限，书中难免有不当或者疏漏之处，敬请谅解。

目　录

第一章
转型与嬗变：企业成长之路与管理模式演绎

第一节　企业概况

"操盘美丽，从'头'开始"。河南瑞贝卡发制品股份有限公司（以下简称"瑞贝卡"）是一家集发制品及发用纤维材料的研制、开发、生产、销售于一体的专业公司。公司成立于1990年，位于有着"顶上时尚之都"美誉的河南省许昌市建安区，是国家火炬计划重点高新技术企业、全国发制品标准化技术委员会秘书处承担单位、全国工业旅游示范点、国家制造业单项冠军示范企业，是国内第一家发制品业上市公司，公司各项经济指标连年居全国同行业首位，为地方经济和社会发展作出了突出贡献，并获得"中国驰名商标""河南产品质量管理卓越百强企业""国家绿色工厂""河南省创新龙头企业"等荣誉称号。

一　组织的环境

（一）产品、服务及交付方式

瑞贝卡有化纤发条、工艺发条、化纤假发、人发假发、教习头、男装发块等六大系列数千种产品，畅销全球市场。公司在境外设立了12家全资控股子公司，其中8家销售型公司（非洲5家，美国、英国、巴西各1家）和4家生产型公司（尼日利亚、加纳、柬埔寨、莫桑比克各1家）；在境内设立了 8 家控股子公司（河南 3 家，上海 2 家，北京、辽宁、广东各 1 家）；在国内外拥有 200 余家品牌店铺。在全国一、二线重点城市派驻专业发型师和售后服务人员，提供产品打理、洗护等服务，设立了"400 全国客服热线"，与消费者建立了良性的沟通机制。公司产品的交付方式如表 1-1 所示。

表 1-1 公司产品的交付方式

市场区域		主要交付方式
国际市场	北美市场	ODM/OEM 并存，主要以经销商代理方式销售，以海运、空运方式交付
	欧洲市场	自主品牌 Sleek 由子公司亨得尔分销给其他经销商代理销售，以海运、空运方式交付
	非洲市场	自主品牌 NOBLE、JOEDIR、MAGIC 等由非洲子公司和经销商进行批发和零售，以海运、空运方式交付
	亚洲市场	OEM，由经销商销售，以海运、空运方式交付
国内市场		双品牌（Rebecca 和 Sleek）自营店和加盟店销售，交付方式为现货零售或物流公司配送

（二）组织文化

公司在发展过程中形成了使命、愿景和核心价值观，通过不断优化确立了具有瑞贝卡特色的文化体系模型（见图 1-1）。

（1）使命：创新、创造、实现客户梦想。

（2）愿景：建设"拥有自主知识产权、拥有自主知名品牌"的国际化企业。

（3）核心价值观：壮大瑞贝卡、完善自我、报国惠民。

（三）员工概况

截至 2022 年 7 月底，公司拥有员工 3600 多名，拥有大专及以上学历的占 30% 左右（见表 1-2）。公司拥有一批具备外资企业工作背景和经验的中高层管理和技术人才。员工特点是专业、有梦想、行动力强、充满热情和创新活力。员工个性化需求及期望与支持措施见表 1-3，员工福利系统见表 1-4。

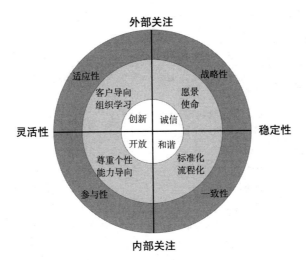

图 1-1 瑞贝卡文化体系模型

表 1-2 公司人员情况

单位：%

分类		占比	分类		占比
层级	高管人员	0.7	学历	本科及以上	13.2
	管理人员	11.5		大专	16.6
	其他各级员工	87.8		中专及其他	70.2
年龄	25 岁及以下	5.3	人员结构	管理人员	12.1
	26~35 岁	39.8		技术人员	4.5
	36~45 岁	6.6		销售人员	8.2
	46 岁及以上	48.3		生产人员	75.2

表 1-3 员工个性化需求及期望与支持措施

员工类别		个性化需求及期望	支持措施
职级	高层管理者	自我实现、事业成功、提升个人价值	参与公司经营决策、高层储备培训、开阔视野培训
	中层人员	职位晋升、工作认可、荣誉成就	职位晋升、薪酬待遇提高、培训及提升机会
	基层	工作回报、保障需求、学习成长	有竞争力的薪酬、绩效改进系统、完善的福利、职业发展规划、晋升通道、培训机会
	后勤、实习生	基本保障	稳定的报酬

续表

员工类别		个性化需求及期望	支持措施
岗位	管理及职能岗位	激励、学习机会、职业发展、荣誉成就	经理人培训、储备干部培训、岗位轮换、晋升晋级
	研发技术岗位	尊重与自我实现、激励、薪酬、学习机会	倾斜工资、授予荣誉奖章、培训机会
	生产岗位	工作环境	减少粉尘、噪声,降低安全风险,鼓励参与改善
	销售岗位	高激励、技能培训	销售激励政策、销售培训
司龄	新员工	融入公司	员工入职指引手册、导师制
	老员工	职业成长	多通道发展、外派学习、岗位轮换
年龄	30岁及以上	工作与生活的平衡	组织家庭活动日、公司开放日
	30岁以下	职业发展引导、培训机会	导师制、培训、举办相关活动
婚姻	已婚	陪伴家人	婚产假、亲子教育、亲子游
	未婚	发展、情感、社交	联谊会、组织旅游和文体活动
地区	本地员工	学习成长、工作稳定	职业发展规划、购房补贴、汽车油费补贴
	外地员工	子女入学、住宿、探亲	帮助解决子女入学问题,提供集体宿舍、住房补贴,报销车费
性别	女员工	尊重需求	女员工体检、哺乳期照顾、健康讲座
	男员工	发展需求	基础实践、轮岗锻炼、职业发展规划
全体员工		社保保障	五险一金、法定休假、年度体检、节日福利
		学习与成长	完善的职业发展通道、轮岗体系
		参与和尊重	员工满意度调查、意见改进
		困难补助	医疗互助金

表1-4 员工福利系统

员工保障	员工资助	员工假期	员工关怀	其他
社会保险	购房无息贷款	带薪年假	生日福利	员工宿舍
住房公积金	交通补贴	法定带薪节假日	节假日关怀	员工餐厅
商业意外保险	通信补贴	新婚假	探亲关怀	图书室
年度体检	餐费补贴	产检假	慰唁关怀	外地子女就学就读
劳保用品	部门活动经费	生育假	老员工退休关怀	班车通勤
防暑补贴	工龄补贴	哺乳假	员工疾病关怀	医疗服务平台
		考试假	年终福利	员工活动俱乐部
		带薪病假	生育福利	
		探亲假	旅游福利	

（四）主要技术和设备设施

公司建有国家级企业技术中心、国家级示范生产力促进中心、河南省发制品工程技术研究中心、博士后科研工作站、假发纤维院士工作站等研发机构，以及和许昌学院共同组建了发制品行业学院——瑞贝卡学院。公司自成立以来，始终坚持进行自主技术创新，研究开发"多功能腈纶改性纤维""阻燃聚丙烯腈仿毛发纤维"等多个纤维项目，突破了我国发制品规模发展的瓶颈。拥有的主要先进技术见表1-5。

表1-5 主要先进技术

序号	主要技术	技术水平
1	新助剂：人发蒸油、人发综合油501&505、化纤大综合Z3、自制化纤护发素、自制抗静电剂、国内售后多功能护理液	自主研发
2	工艺发条：脏辫扎扎工艺、M发染色工艺、STW&YK定型柜烘蒸工艺、YK水蒸气熏蒸工艺	自主研发
3	化纤发条：机器替代手工缠管工艺、仿真LOCS工艺、TM机+N机替代手工捻辫工艺、机械化一体成型工艺	自主研发
4	国际假发：竖卷YAKI工艺、逼真LACE系列工艺、烫染工艺、刷染工艺、克林普工艺、DIY头套工艺	自主研发
5	国内假发：抗菌弹力冰丝帽工艺、拼接多功能帽型工艺、特色染色工艺（挂耳染、爆顶染、刘海染、斑马纹）	自主研发
6	PBT/PET共混仿人发纤维生产技术	自主研发
7	常压阳离子可染假发用聚酯纤维生产技术	自主研发
8	假发用改性聚丙烯腈纤维的凝胶染色生产技术	自主研发
9	国内假发产品双针仿美发修剪技术、隐形色应用技术	自主研发
10	发用聚氯乙烯纤维生产技术	国内领先
11	超高压纺人工毛发用聚氯乙烯纤维生产技术	国内领先
12	假发用蓄光聚氯乙烯复合纤维生产技术	国内领先
13	复合氮磷阻燃剂的假发用聚丙烯纤维生产技术	国内领先
14	百盛IPOS分销系统	国内领先
15	亿赛通电子文档加密系统	国内领先
16	SAP业务财务一体化	国际先进

资料来源：如无特殊说明，本书资料均来自瑞贝卡公司政府质量奖申报材料。

公司建有国内唯一的 PVC 发用纤维材料全自动生产线、多功能腈纶纤维材料全自动生产线，自主研制出了国内第一台领先全自动色发漂染机、档发整齐机、红外线烘干机等发制品生产设备，改变了发制品行业传统手工作业方式，促进了行业技术进步（见表 1-6）。

表 1-6　主要设备

序号	主要设备	水平
1	PVC 发用纤维材料全自动生产线	国内领先
2	多功能腈纶纤维材料全自动生产线	国内领先
3	PET 生产线	国内领先
4	RVE 生产线	国内领先
5	REF 生产线	国内领先
6	自动加捻机	国内领先
7	数控捻线机	国内领先
8	N 机生产线	国内领先
9	色发自动漂染线	行业领先

（五）法律法规

发制品行业属于劳动密集型行业，主要涉及的法律法规见表 1-7。

表 1-7　行业涉及的法律法规

类别	内容
组织治理	《公司法》《会计法》《证券法》《产品质量法》《消费者权益保护法》《计量法》《上市公司治理准则》《企业会计准则》《上海证券交易所股票上市规则》《上市公司信息披露管理办法》《内部审计基本准则》《公司章程》《内部审计工作规定》
员工权益与社会责任	《劳动法》《工会法》《劳动合同法》《安全生产法》《社会保险法》《清洁生产法》《环境保护法》《节约能源法》《职业病防治法》《工伤保险条例》《水污染防治法》等
认证要求	ISO 9001、ISO 14001、ISO 45001、GB/T 23001 认证
产品安全标准	《产品质量法》《发制品 人造色发发条及发辫》《发制品 人发发条》《发制品 教习头》《发制品 假发头套及头饰》《发制品 安全卫生要求》《发制品 假发透气性的测定》《发制品 垂度试验方法》《发制品 柔顺性试验方法》《发制品 假睫毛》《发制品 男发块》等

二　组织的关系

（一）组织结构和治理系统

公司按照"科学、规范、精简、效能"的原则，建立了有董事会和经理层的公司法人治理结构（见图1-2）。

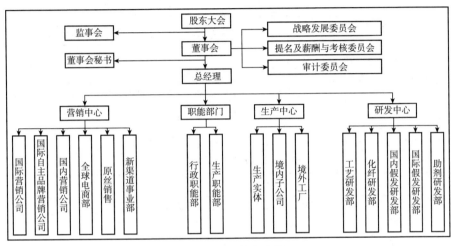

图1-2　公司组织架构

（二）关键顾客群和其他相关方及其对产品和服务的需求

公司关键顾客群的特点见表1-8，顾客群主要需求见表1-9，其他相关方的需求见表1-10。

表1-8　关键顾客群的特点

区域市场	顾客	特点
国际市场	终端顾客	黑人为主要的消费群体,黑人女性由于其自身生理特性,假发成为其生活必需品。在北美与欧洲经济发达地区,以消费顺发和女装假发产品为主,消费者需要时尚、个性化的产品。非洲市场讲求物美价廉,以消费化纤条产品为主
	经销商	购买人发发条、化纤发条和人发假发套、化纤假发套并进行批发、分销
国内市场	终端顾客	以人发假发套、半假发、卡子发产品为主,追求时尚、自然,Rebecca牌假发引领国内假发的消费风尚

表 1-9 顾客群主要需求

顾客群			主要需求
国际市场	化纤发条	终端顾客	质量>价格>售后服务
		经销商	品牌>交货期>质量>价格>异议处理
	化纤假发套	北美、欧洲终端顾客	品牌>质量>价格>交货期>售后服务
		代理商	品牌>质量>价格>交货期>异议处理
	人发假发套	北美、欧洲终端顾客	款式>品牌>质量>价格>售后服务
		代理商	款式>品牌>质量>价格>交货期>异议处理
国内市场	半假发、卡子发	加盟商	品牌>销售毛利>促销支持>质量>合作
		消费者	质量>价格>品牌>售后服务
	人发假发套	加盟商	品牌>款式>销售毛利>促销支持>质量>技术培训
		消费者	款式>质量>价格>品牌>售后服务

表 1-10 其他相关方的需求

相关方	需求
社会	安全环境、污染物综合排放达标、创造就业、公益事业
股东	资本增值、投资回报、企业成长
供应商	结算公平、付款及时、技术指导
电子商务平台	诚信经营、线上和线下融合、店铺运营质量
员工	福利改善、培训与发展、企业文化

（三）关键的供应商与代理商

公司始终坚持"诚信为本、合作共赢"的经营原则，与供应商、分销商保持着良好的战略合作伙伴关系。公司主要考虑物料分类和共同利益关系，对供方进行分类管理（见表 1-11）。公司根据签约量、以往业绩、忠诚度，将代理商分为 VIP 核心、核心、一般和潜力四类（见表 1-12）。瑞贝卡依据信誉度、资质能力、业绩表现，将供应商和经销商分为战略合作（A 类）、重要（B 类）、一般（C 类）三个等级，贯彻实施业绩管理与激励机制，为供应商和经销商发展提供有力的支持，赢得了供应商和经销商的信赖和尊重。公司与主要代理商和供应商的双向要求见表 1-13。

表 1-11　典型的供方合作类型

类别		供应链角色	对供方要求
关键供应商		是人发和仿人发纤维供应商,其供应物资价值占公司采购总额的95%。与公司合作开发新产品,共同拓展市场。结合终端顾客和经销商反馈的信息,研发不同款式、不同材质的系列产品,满足不同消费者的需要	同舟共济的战略伙伴
经销商	国际市场经销商	年销量在1000万美元以上,同时在经营理念、品牌意识以及发展目标等方面达成共识,其销售额占公司总销售额的80%	规范化合作,加强库存管理
	国内市场加盟商	布局"一、二线城市+省会城市"线下门店的经营策略。采取直营与加盟经销相结合的方式,进行全国市场布局	专营 Rebecca 和 Sleek 品牌系列产品

表 1-12　典型的代理商合作类型

类别	公司要求	代理商角色及要求
VIP 核心代理商	稳定增长的销售业绩,诚信合作,雄厚的资金,准时交付,与公司拓展市场要求相一致的销售渠道和销售品种	对服务要求高,对价格敏感度高,尤其关注公司的销售政策及公司的发展实力
核心代理商	稳定的销售业绩,诚信合作,准时交付、及时付款,与公司拓展市场要求相一致的销售渠道和销售品种	重点关注公司品牌知名度、发展实力、销售政策以及配套的售前售后支持服务
一般代理商	规范的合作流程,准时交付、及时付款,与公司拓展市场要求相一致的销售渠道和销售品种	重点关注品牌知名度、产品质量及交货期等
潜力代理商	规范的合作流程,准时交付、及时付款,定期做好企业文化、产品价值的传递,增强其合作意愿	重点关注产品价格、产品质量、产品交货期及售后服务

表 1-13　公司与主要代理商和供应商的双向要求

类别	公司要求	代理商/供应商要求
代理商	信誉良好、回款及时、充足的销售量、与公司拓展市场要求相一致的销售布局	合理的价格、及时交货、品牌知名度高、款式丰富、产品舒适、质量好、时尚
供应商	供应渠道充足、稳定,价格合理,交付及时,质量符合要求	合理的利润空间、按时付款、保护知识产权、保持信息共享、保障稳定的订单量、管理输出

（四）与关键顾客和供方的伙伴关系和沟通机制

公司与关键顾客（VIP 核心代理商、核心代理商和战略伙伴等）、战略和合作经销商建立互利共赢的战略合作伙伴关系，通过高层互访、经销商会议、供应商会议、订货会、走访调研、座谈会、第三方调查、邮件、市场和顾客满意度调查、400 全国客服热线、《瑞贝卡人》报纸、网站等方式形成多渠道、全方位的沟通机制。与主要供应商和顾客的沟通机制见表 1-14。

表 1-14 与主要供应商和顾客的沟通机制

类别		沟通机制
经销商	A	建立战略合作伙伴关系,定期互访、信息共享、吸收为股东共同发展
	B	建立长期合作关系,定期互访、培训指导、保持信息及时沟通
	C	建立合作关系,定期访问、保持信息及时沟通、培训指导
供应商	A	建立战略合作伙伴关系,定期互访、信息共享、共同开发新产品
	B	建立长期合作关系,定期互访、技术支持、培训指导、保持信息及时沟通
	C	建立合作关系,定期访问、保持信息及时沟通、培训指导
最终消费者		设立 400 全国客服热线和会员服务中心、建立 VIP 一对一服务

第二节　竞争与挑战

一　竞争环境

（一）竞争地位、规模、发展情况以及竞争对手情况

2020 年，新注册的具有生产制造资质的发制品企业达 4760 多家，主要分布在浙江、山东、河南、江苏、安徽，其中河南和山东作为大型发制品企业的聚集地，其产能占行业产能近 70%。

通过对发制品协会统计数据的分析，我国假发行业企业比较分散，2022年龙头企业瑞贝卡的国内市场占有率为 9%，居发制品行业第 1 位，居第 2位的 R 公司，市场占有率仅有 3%。瑞贝卡坚持"优质 & 时尚"的产品定

位，出口创汇多年来一直位居国内同行业首位，是国内发制品行业的龙头企业。行业内的主要竞争对手情况见表1-15。

表1-15 发制品主要市场竞争情况分析

指标	瑞贝卡	X公司	H公司	R公司
上市场所	上交所	上交所	未上市	未上市
业务特点	产品类别齐全，产业链条完整，主要市场为北美、非洲、欧洲以及国内，国外市场占比约80%、国内市场占比约20%	侧重于假发系列，以人发制品为主，主要市场为北美、欧洲、日本，产品80%以上出口到北美市场，国内市场占比较小	侧重于假发、假发配件和接发产品，以人发制品为主，大部分产品出口到国外市场，国内市场占比较小	专注于生产和经营高档女装头套、男士发块、女士发片等真人发产品，大部分产品出口到国外市场，国内市场占比较小
工厂分布	河南、非洲、柬埔寨	山东、越南、柬埔寨	美国	美国、南非、阿联酋
业务模式	贴牌和自销相结合	贴牌和自销相结合	贴牌和自销相结合	贴牌和自销相结合

（二）取得成功的关键因素

公司取得成功的关键因素如表1-16所示。

表1-16 企业的关键成功因素

方面	关键成功因素
领导团队	管理层有清晰的愿景、使命、核心价值观，高瞻远瞩、求真务实，以战略驱动公司快速发展。 倡导快速响应和建设有瑞贝卡特色的文化体系。 精益求精，追求质量零缺陷。
市场地位	关注顾客需求，持续为顾客创造价值，为顾客提供全方位服务。 顺应市场需求，及时推出灵活的销售政策，快速抢占市场先机。 有覆盖全球且管控力强的营销网络，实现线上线下的营销布局。建立了立足中国、辐射全球的销售服务网络和卓越的销售团队，在各国家和地区均有知名度和市场。 是国内第一家发制品业上市公司，募集资金渠道多样，为公司实现"两个拥有"的战略目标提供了坚实的资金基础。

续表

方面	关键成功因素
品牌影响	怀着振兴民族品牌的雄心，致力于打造国产公司品牌。 拥有非洲知名品牌 NOBLE、欧洲知名品牌 Sleek 及国内品牌 Rebecca。 是行业内具有优质制造能力、品牌独特性的发制品生产制造商。
技术创新	国家级高新技术企业，组建了河南发制品工程技术研究中心、国家级企业技术中心、博士后科研工作站，以及以中国工程院院士姚穆教授为技术总顾问，以高分子材料、化工、染整、机电设计等方面的博士后为技术带头人的研发团队。 多元化的产销研合作，与专业领域内世界顶级企业和多家科研院所开展广泛合作。 起草编写了发制品国家标准和河南省地方行业标准。依据我国国家标准通过检验的产品，可以顺利通关出口到非洲、日本、东南亚、美洲及欧洲等国家和地区，发制品的出口认证如尼日利亚 SONCAP 认证、海关检验、国内外的电商平台的发制品检验均采用我国的发制品标准。目前进驻京东、阿里巴巴天猫、淘宝、全球速卖通、亚马逊、eBay（易贝）、敦煌平台的产品也采用我国现有的四个产品标准，国外经销商采购发制品也以此作为验货的依据。标准的制定减少了贸易纠纷，满足了国内外不同地区客户的不同需求，服务了全球发制品贸易。
工厂运营	引入"工业 4.0"与"中国制造 2025"理念升级数字化工厂，打造生产自动化，通过 MES 系统的运营管理实现车间的移动质检。 采用精益生产的理念，在生产过程运用 QCPC 问题收集等 SCS 工具，实现流程再造，消除制造过程中的浪费，实现价值最大化。 开展多层次、全方位的质量改进活动，包括流程改进、QCC 和合理化建议等活动，提高生产效率，稳定产品质量。 通过门户建设、流程构建与集成、即时通信、文档管理、搜索引擎等一系列技术应用，最终实现企业统一门户、统一沟通、统一身份、统一协同、统一流程、统一基础云（六统一）的 OA 系统。 管理数字化，实现数字化、精细化、标准化地处理企业现有数据，并将其转换成知识、分析和结论，辅助决策者作出正确的决定。
质量管理	构建了研发、供应链、制造和更新改造产品全价值链的质量管理体系。 推行卓越绩效模式，整合了国际先进的质量工具和管理方法，结合行业特色和公司实际，形成了涵盖战略引领、技术创新、品质极致、持续改善四大类、三层次的 SCS 战略竞争力改进与创新系统，用于公司的日常管理和改进创新。 建立了多层次的质量改善文化，如合理化建议、单点改善、OPL、QCC、六西格玛等。
设施设备	产品研发部门致力于持续不断地产品研发改进和工艺优化升级，结合现有产品及部分工艺，研发改进小工具，加大小工具半自动化的实施，提能增效。 公司自主研发的自制新型原丝 N 机系列产品，打破裁剪工序瓶颈，使产品能顺利推向市场。 使用自动化纤染色机、自动编辫机、自动编程发卡机、新式自动去毛球机等，降低操作工人生产中部分劳动强度，有效提高了工作效率，相应间接地改善了工人的工作环境，确保生产安全健康平稳地进行。

续表

方面	关键成功因素
员工发展	拥有行业影响力的资深专家，为内部员工和合作伙伴搭建了发展平台，通过持续定期标准化培训，确保发制品生产过程的安全和质量，提升效率。 关注员工成长，建立"内部导师制"，从销售、设计、制造、服务等环节，开展多元化且有针对性的培训，如内部培训、外聘培训和外派培训、转岗培训等，培养了大批工程人员和管理人员。 畅通员工职业发展通道，制定研发技术、工程技术及技能员工评定晋级政策；建立多元化的员工关爱机制，完善核心人才保留机制，关注员工满意度。 运用 SIPOC 和平衡计分卡工具，针对销售、制造等系统特点细化考核，建立各个系统的绩效激励机制，重点关注绩效面谈和改进，实施及时激励，形成公司独特的高绩效文化。

（三）比较性和竞争性数据的获取

公司主要通过表1-17所示的渠道和具体来源，获取行业内外的比较性和竞争性数据。

表1-17　比较性和竞争性数据来源

渠道	具体来源
行业协会	全国发制品标准化技术委员会
国内外杂志和网站 公司年报 与竞争对手建立沟通机制	杂志：《HEAD FASHION 发丝 & 发饰》 网站：中国发制品网 代理商、终端顾客市场、产业链相关企业信息反馈，电话、邮件或现场交流等
产品结构、性能、 工艺、装备数据	解剖竞争对手的产品，参观其工厂、展厅，参加行业学术会议，走访市场，进行第三方调研等

二　战略挑战和优势

随着全球经济一体化和行业发展，公司发展面临的机遇、挑战、优势及应对措施见表1-18。

表 1-18 公司面临机遇、挑战、优势及应对措施

项目		应对措施
机遇	◇国民消费水平提高,"颜值经济"高速发展 ◇我国假发相关企业注册量呈波动上涨态势	◇全球布局,精耕细作,成立专业化的发制品公司 ◇坚守第一梯队,不断提升设计与研发能力,打造品牌,扩大影响力
	◇"一带一路"倡议助推海外市场 ◇顾客对服务的要求高 ◇国家倡导两化融合促企业转型升级	◇积极开拓国际市场,通过电商、与合作伙伴的战略合作拓展业务平台,积极开拓共建"一带一路"国家或地区市场 ◇落实发制品国家标准,打造品牌,赢得市场
挑战	◇社会对发制品安全高度关注 ◇行业同质化严重,中高端产品要求高,产品竞争力有待提高	◇通过制定和实施发制品质量标准,提升产品档次 ◇创新质量管理,从设计源头预防问题产生,确保产品更安全、更可靠 ◇研发差异化高质量产品,加大品牌推广投入,主攻高端市场,提升品牌定位
	◇成本压力大,毛利率逐年下降 ◇国内外子公司、工厂、加盟商数量增多,公司管控面临一定压力	◇建立全球化研发平台,保证每年研发投入,提高研发能力,研发差异化产品,提升产品附加值 ◇在国外品牌运营方面进行营销分解,准确把握消费者需求,以降低管理和经营风险
优势	◇公司品牌优势 ◇管理层行业经验丰富	◇持续严格把控产品的质量 ◇制定更加切合市场的策略
	◇精耕细作和精准营销 ◇精益和数字化制造 ◇产业链条和产业布局完整	◇建立网格化市场网络,实现市场全覆盖 ◇提升效率,降低成本,确保质量 ◇加大信息化投入

三 绩效改进系统

公司通过绩效测量、分析和评价,推行集成化的"3×4"SCS战略竞争力改进与创新系统(见图1-3)。SCS包括公司、部门、基层3级,集成了战略引领、技术创新、品质极致和持续改进4方面的方法和工具,并将改进成果纳入知识管理系统,实现知识价值倍增并支持知识创新。通过多年实

践，在市场、财务、人力资源、组织治理、社会责任五个层次上，建立了由卓越绩效改进、管理评审改进、技术改造、质量改进、技术攻关创新、纠正预防措施、QC 小组活动、合理化建议八个项目类别组成的绩效改进系统，形成了"制定计划—实施改进—监控督查—评价总结"的 PDCA 项目改进良性循环机制（见图 1-4）。

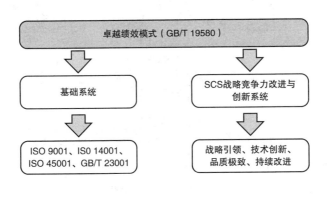

图 1-3 基于卓越绩效模式的 SCS 战略竞争力改进与创新系统

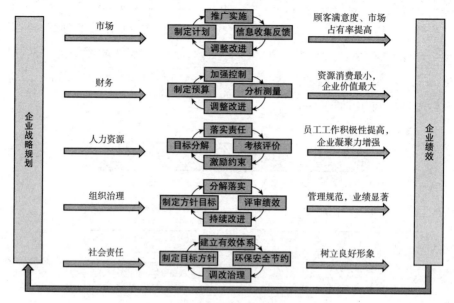

图 1-4 绩效改进系统

第三节 卓越经营质量管理模式（瑞贝卡蝴蝶）

一 管理模式的解读

瑞贝卡蝴蝶是瑞贝卡公司经营理念的提炼和升华，有"破茧成蝶、美丽蜕变"之意，寓意帮助人们实现对美好生活的追求。

要素释义："优质 & 时尚"产品定位，"创新+品牌"双驱动，"国内+国际"双循环，"标准化、工业化、信息化"三化保障（见图 1-5）。

二 管理模式的基本内容和实践

（一）基本要素及各要素之间的逻辑关系

产品定位：优质——质量体系认证、原辅材料质量把控、过程控制，严把产品质量关；时尚——在全球设有研发中心，捕捉发型流行趋势，每年研

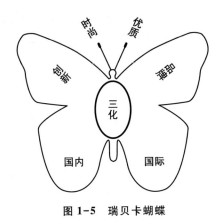

图 1-5 瑞贝卡蝴蝶

发出上千种发型款式，引领发型时尚潮流。

双驱动：创新——拥有自主知识产权；品牌——拥有自主知名品牌。

双循环：立足国内，面向国际，实现全产业链布局和全球化产销研。

保障体系：标准化——起草制定国家标准和行业标准，组织实施多项管理体系认证；工业化——对产品制作过程引入机械化和半机械化，在确保产品稳定性的同时，降低人工成本；信息化——坚持以流程为导向，建设具备公司自身特色的信息化系统，在数据集成综合平台上，确保各子系统间的数据集成与共享。

产品定位是质量管理的目标追求和公司的发展方向；双驱动为质量管理提供了驱动力；双循环是公司产业布局的本质特征，是质量管理模式运行的特定领域；"三化"融合为组织运行和质量管理提供了基础保障和技术条件。聚合在一起就形成了一只可以在世界舞台上翩翩起舞的瑞贝卡蝴蝶。

（二）典型做法和具体措施

公司产品的主要用途为满足全球"顶上时尚"发型装饰需求以及其他实用功能性需要，为全球爱美人士提供满意的发型解决方案，提升和美化其外在颜值，实现自我价值。

1. 创新

"拥有自主知识产权"是公司的立命之本。公司完善了产学研结合的研发体系，先后组建了国家级企业技术中心、河南省发制品工程技术研究中心、博士后科研工作站、全国发制品标准化技术委员会、许昌市发制品行业生产力促进中心等机构。

2. 品牌

瑞贝卡是一家全球化的公司，各地区经营环境因地域和种群差异明显，经营模式各具特色，这也是公司多品牌经营的市场基础。公司在实现"拥有自主知识产权、拥有自主知名品牌"愿景的进程中，积累了丰富的市场和品牌管理经验，开创性地提出"顶上时尚"概念，倡导消费者在尝试和蜕变中发掘自身潜在的魅力，释放真我风采，推崇对时尚精神的更新和对真我勇敢的追寻。公司在国内市场销售模式以自建终端渠道为主，实施品牌连锁和多品牌（Rebecca、Sleek 和 Rebecca Youth）经营战略，国内市场品牌定位为 Rebecca 是公司旗下高端品牌，核心消费群体为时尚、独立的都市女性；Sleek 品牌以引领发型潮流为目标，以实现追求完美的梦想为使命，不断创造出令人惊叹的风尚假发，得到广大爱好美丽、彰显个性的顾客的好评与青睐。国际市场实施多品牌策略，以五大品牌（人发品牌 JOEDIR 和 BLACK PEARL，化纤品牌 NOBLE 和 MAGIC，人发和化纤发品牌 Sleek）为主，丰富品牌组合，拓宽消费群体，人发品牌树形象，化纤品牌促销量，提升市场份额。

3. 双循环

瑞贝卡产品主要销往北美、非洲、欧洲以及亚洲等地区，具备研、产、供、销的全球化产业链布局。公司生产基地主要位于国内的河南以及境外的尼日利亚、加纳、柬埔寨、莫桑比克等国家和地区，工艺复杂、制作难度较高的产品由境内负责生产，制作难度相对较低的产品由境外子公司生产。

4. "三化"融合

标准化：2007 年，国家标准化管理委员会批准成立了全国发制品标准化技术委员会（SAC/TC 304），瑞贝卡作为秘书处承担单位牵头制定的发制品行业 5 项国家标准，是世界上唯一的发制品标准，是国内发制品检验机构对发制品进行检验的依据，是发制品出口检验和发制品出口靠岸认证的依据。组织实施个体管理体系认证，保证质量管理的规范化。

工业化：公司从 2012 年开始逐步研究并引进机械化设备应用到产品研发上，通过不断尝试、改进和创新，正在向全自动可出成品的机械化进程迈进。

信息化：公司致力于打造全企业数字一体化信息平台，极大提升公司运营效率和快速响应能力，通过精益数字化和两化融合，实现信息化覆盖全业务链条，推动工业化与信息化的深度融合。

三 管理模式成效和创新推广价值

（一）成效

瑞贝卡业务规模领先行业，经营区域覆盖全球，产品类别丰富齐全，公司在行业标准、产业链条、技术研发、品牌建设和产能布局等方面占据优势，具有一定的综合竞争实力。

1. 行业地位

瑞贝卡坚持"优质 & 时尚"的产品定位，是行业内具有优质制造能力、品牌独特性的发制品生产和销售商，是国家第六批制造业单项冠军示范企业之一，是国内生产规模最大、技术领先的发制品企业。公司是全国发制品标准化技术委员会秘书处承担单位，参与起草编制了多项行业国家技术标准，目前正在推动国家技术标准国际化工作。公司是中国轻工工艺品进出口商会发制品分会理事长单位。

2. 品牌运营

"瑞贝卡 Rebecca"商标是"中国驰名商标"。Rebecca 品牌为国内假发高端时尚消费品牌，该品牌的销售规模和门店数量均居国内同行业高端时尚假发首位；Sleek、NOBLE、JOEDIR、MAGIC 等品牌在欧洲、非洲市场耕耘多年，具有一定的品牌影响力。

3. 创新实力

瑞贝卡是发制品行业内为数不多的国家级高新技术企业之一。公司积极推动实施创新驱动发展战略，在新产品、新工艺、新助剂和新材料以及发制品工业化和信息化等方面取得多项成果，授权专利 400 余项。公司以获得国家制造业单项冠军为契机，坚持以制造业高质量发展为主攻方向，采取"自主开发、联合设计、引进吸收多措并举"的开发模式，深入推进高端化、数字化、信息化、绿色化改造工程，承担了自主创新示范项目。投资 10 亿元建设新型功能性纤维材料研发生产基地，主要用于研发和转化多功能系列纤维材料科研成果，生产技术、生产工艺处于国内领先、行业一流地位，填补了国内功能化纤领域的空白。公司共建成投产 8 条纤维发智能生产线，年产耐高温纤维发丝 7000 吨、发用化纤假发 2000 万条，有效促进了公司的产品结构调整和产业升级，奠定了瑞贝卡在中国发制品行业的龙头地位。

4. 全球化产业链条

公司拥有完整的产业链条，并在激烈的市场竞争中实现了"买全球、卖全球"的产业布局。

产业上游：纤维发丝原材料实现了自主研制与生产，打破了日本、韩国的垄断；公司人发原材料采购实现了全球化布局，并引领公司所在地许昌市成为全球最大的人发原材料集散地和假发生产制造基地。

产业中游：公司是行业内具有优质制造能力、品牌独特性的发制品生产制造商，除国内工厂外，公司在境外拥有 4 家生产基地。

产业下游：公司在境外设立 8 家销售型子公司，境内拥有 200 余家品牌店铺，销售渠道覆盖全球。

5. 标准与认证

截至 2022 年 9 月底，近五年来牵头制定标准 5 项，参与制定在研标准 3 项，参与制定预研标准 4 项，牵头制定外文版标准 5 项。获得质量管理体系认证、环境管理体系认证、职业健康安全管理体系认证、能源管理体系认证、海关高级认证。

6. 信息化

公司在信息化建设方面始终走在同行业的最前列。建立了以 SAP 为核心业务平台的企业信息化系统，实时收集市场、研发、生产、销售链条的信息，为公司各个环节的决策提供了全面的数据支持，帮助企业持续降低发展成本和提升发展质量。建设 OA 协同办公 & 费控管理系统，提高了部门间协同办公能力和工作效率；通过电商业务管理（WMS+OMS）系统实现了在统一的平台上对所有电商相关业务进行全方位管理。

（二）先进性、独特性以及在行业内复制推广的价值

1. 先进性

公司专注于发制品的研发、生产、销售与品牌运营，致力于为全球爱美人士提供满意的发型解决方案，致力于将公司建设成为具有全球影响力的"顶上时尚"企业集团。在双循环的大背景下，公司继续践行全球产业链布局，技术诀窍及品牌形象不断得以强化，多年来获得了良好的行业和社会口碑，在社会上树立了良好的形象，得到政府及社会各界的充分认可，为公司的持续发展奠定了信用基础。

2. 独特性

质量、环境、职业健康、海关高级认证、计量体系认证和能源管理体系结合的管理模式覆盖公司运营全过程，具有系统、协调、不断创新特点的质量管理模式，因与瑞贝卡组织环境、人员配置、企业精神以及发制品行业生态协调匹配而具备独特性。

3. 推广价值

公司践行双驱动、双循环的"三化"质量管理模式，在技术研发、品牌影响、企业声誉、全球化产业布局和质量管控等方面表现卓越，使公司成为发制品行业领先的生产商和销售商、信息化建设和管理的先行者、行业技术开发与创新的先锋，该模式具备创新推广价值。

第二章
卓越的领导：企业可持续发展的保障

公司高层领导基于发展过程的文化沉淀，明晰"创新、创造、实现客户梦想"的使命，确立建设"拥有自主知识产权、拥有自主知名品牌"的国际化企业集团愿景，形成"说了就干、干则必成"的工作作风，培养了"精诚、创新、发展"的企业精神，提出了"永不满足、永远追求"的发展观，强化"壮大瑞贝卡、完善自我、报国惠民"的价值观并率先垂范，且从战略高度推进品牌建设和质量提升，探索成为民族假发品牌第一位、世界一流品牌假发。同时，建立公司公共责任风险防控和持续改进指标、措施，明确并促进公司和员工"商业行为规范""员工日常行为规范"的贯彻和监测，并将公益支持规划与品牌提升联动，如金秋助学、贫困帮扶、修路架桥、支援国防、造福桑梓等。

第一节 高层领导的引领

公司高层领导充分发挥引领和推动作用，积极探索适合公司发展的企业文化新路径、新体系。

一 确定方向

（一）公司文化的形成过程

公司发展的重要节点见图 2-1。

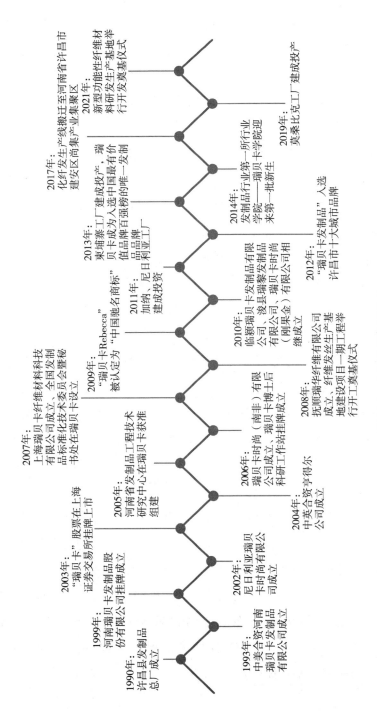

1990年：
许昌县发制品总厂成立

1993年：
中美合资河南瑞贝卡发制品有限公司成立

1999年：
河南瑞贝卡发制品股份有限公司成立

2002年：
尼日利亚瑞贝卡时尚有限公司成立

2003年：
"瑞贝卡"发制品股票在上海证券交易所挂牌上市

2004年：
中英合资得尔公司成立

2005年：
河南省发制品工程技术研究中心在瑞贝卡组建

2006年：
瑞贝卡时尚公司成立、科研工作站在瑞贝卡获批

2007年：
上海瑞贝卡纤维材料科技有限公司成立，全国发制品标准化技术委员会暨秘书处在瑞贝卡设立

2008年：
抚顺瑞华纤维有限公司成立，纤维丝生产基地建设项目一期工程举行开工奠基仪式

2009年：
"瑞贝卡Rebecca"被认定为"中国驰名商标"

2010年：
临颍瑞贝卡发制品有限公司、漯县瑞黎发制品有限公司（刚果金）继成立

2011年：
加纳、尼日卡时尚公司相建成投资

2012年：
"瑞贝卡发制品"入选许昌市十大城市品牌

2013年：
柬埔寨工厂建成投产，瑞贝卡成为中国最有价值品牌品牌——尼日利亚工厂

2014年：
发制品行业第一所行业学院——瑞贝卡学院迎来第一批新生

2017年：
化纤发生产线搬迁至河南省许昌市建安区尚集产业集聚区

2019年：
莫桑比克工厂建成投产

2021年：
新型功能性纤维材料科研发生产基地举行开发奠基仪式

图2-1　企业发展重要节点

20 世纪 80 年代初期，河南许昌县灵井乡小宫村青年郑有全把一帮伙伴集结到自己麾下，办起了许昌县小宫工艺毛发厂，迈出了冲浪商海的第一步。1989 年，国家轻纺投资公司决定投放巨额贷款扶持成立发制品总厂，县领导与郑有全交谈，决定让郑有全出面筹办许昌县发制品总厂，厂址选于许昌县新区新许路东段南侧的许昌县电线厂。郑有全带领管理团队，坚持以发展民族企业为己任，提出"永不满足、永远追求"等发展理念，为全体员工指明了发展方向，将"创新、创造、实现客户梦想"作为公司使命，将建设"拥有自主知识产权、拥有自主知名品牌"的国际化企业集团作为公司愿景，以五星级酒店的要求营造办公和工厂环境，自主研发假发生产机器与技术。在他的带领下，许昌县灵井乡周边的几个乡镇成立了上百家档发制造企业。2012 年仅瑞贝卡发制品股份公司一家，就吸纳了 11000 名左右的女工就业；与此同时，瑞贝卡公司带动其他发制品工厂发展，使许昌市连年出现女工高就业、高收入的用工现象。经过几年的高速发展，高层领导意识到要想真正做大做强，将产品推向国际市场、突破重围，发展质量比发展速度更重要，精细化管理比粗放式管理更重要。为此，瑞贝卡努力打造全企业数字一体化信息平台，通过精益智能化和数字化两化融合，促进智能制造能力提升，提升快速响应能力。此外，公司着力打造行业领先的产品标准，以实现变道超车，超越外资品牌。

1998 年，在带领公司全员为抗洪救灾献爱心后，郑有全总结了"壮大瑞贝卡、完善自我、报国惠民"的公司价值观。随着公司的发展，形成了以市场为导向、以经济效益为中心、以卓越企业文化为引领、以产品结构调整和产业升级为主线，坚持实施企业"人才、科技、品牌"三大战略，向高端服务业、现代制造业转型升级的方向和目标不断迈进，努力将瑞贝卡建设成为"拥有自主知识产权、拥有自主知名品牌"的国际化企业集团的经营理念。经过多年的发展沉淀，公司文化基本成型（见表 2-1）。

表 2-1　公司文化诠释

公司文化	诠释
使命： 创新、创造、实现客户梦想	创新：在信息化、商业化、科技化的今天，公司想要在激烈的市场竞争中立于不败之地，必定需要创新理念和方法。在产品技术、服务理念、管理上发展新思路，不断求索，不断超越自我
	创造：企业的使命在于创造价值，创造价值是企业之本。持续发展，为股东提供可观的回报，成为员工引以为荣的企业
	实现客户梦想：公司领导根据本行业产品具有美化生活、引领时尚的特点和公司的愿景目标，在制定企业使命时以顾客为导向，追求和实现卓越，不断满足终端消费者个性化需求，实现客户的梦想
愿景： 建设"拥有自主知识产权、拥有自主知名品牌"的国际化企业集团	在制定公司发展愿景时，以科学发展观为导向，把企业的未来定位为立足全球的国际化企业集团，企业要以知名品牌、技术和知识产权为核心竞争力。为此，着重强调了"建设"两个字，寓意永不停息，即企业要围绕"两个拥有"，永不停息地进行建设和维护，以保持企业核心竞争能力不断增强、永不枯竭。公司的企业愿景也充分体现了瑞贝卡人永不满足、永远追求的发展观
核心价值观： 壮大瑞贝卡、完善自我、报国惠民	在制定企业价值观时，充分考虑组织和员工的学习与发展，公司和员工的社会责任与公共责任；既要把公司做强做大，回报股东和社会，又要不断地使企业走向成熟，同时，也要使公司员工在知识、技术、经验和能力方面不断地得到学习和提高，公司要报国惠民，公司员工也要报国惠民

（二）不断完善企业文化管理体制，确保文化落地

高层领导通过搭体系、建阵地、立制度、抓执行，依托各种渠道使公司文化持续影响到各相关方，使之能深切理解并认同公司文化，从而在实际工作中践行（见表 2-2）。

表 2-2　公司文化传播方式

项目	相关方					内容	频次	主要责任部门
	员工	供方	股东	顾客	社会			
高层互访		√		√		高层讲话或会谈互动传播文化	不定期	总经办
展厅	√	√	√	√	√	参观展厅,宣传企业文化	每年 1～2 次	总经办

项目	相关方					内容	频次	主要责任部门
	员工	供方	股东	顾客	社会			
专业会议	√	√	√	√	√	参加各种会议,介绍企业文化	不定期	总经办 标准化管理办公室
新产品发布会	√	√		√	√	介绍公司新研发产品,输出产品文化	产品发布时	营销管理部门 研发管理部门
公司网站	√	√			√	网站有企业文化的输出	实时	总经办
微信公众号	√	√			√	微信推送公司文化信息	实时	总经办
《瑞贝卡人》	√	√			√	开辟企业文化专栏	实时	总经办
文化故事与案例	√		√	√		征集、评奖、出版、分享	每年1次	人力资源部
公司年会	√	√	√			传承和传播公司文化	每年1次	总经办 人力资源部
文化节	√	√	√	√	√	运动会、知识竞赛、歌咏比赛、拔河比赛、演讲比赛等	每年	总经办 人力资源部
文体活动	√	√	√		√	开展羽毛球、健美操、乒乓球等比赛	每年	总经办 人力资源部
校园招聘					√	通过校园招聘会介绍公司文化	每年	人力资源部
新员工培训	√					介绍公司文化,学习《员工手册》《风雨瑞贝卡》《我和瑞贝卡的故事》《瑞贝卡之歌》	新员工入职	人力资源部
顾客和合作伙伴大会	√	√	√	√	√	举办代理商大会和供应商大会,宣传企业文化	每年	供应链管理部门
供应商大会、供应商SCS		√				介绍公司SCS改善文化	每年3~4次	供应链管理部门
工厂参观	√	√		√	√	向政府、客户和社会人士介绍公司文化	实时	总经办

　　在公司成立不久后,郑有全亲自为《瑞贝卡之歌》填词,并将此歌作为公司大型活动的开场;公司将文化手册作为宣贯的主要手段,使企业文化

深入人心；新员工入职培训增加企业文化课程作为必选课程；组织员工进行企业文化竞赛，高层领导参与，使企业文化核心要素深入人心，增强员工的自豪感和归属感。对于公司外部，典型方法包括：总经办通过商务接待和工业旅游，向客户、政府和社会各方介绍公司文化和现状；供应链管理部门与供应商分享公司文化，增进供应商特别是关键供应商对公司文化的认知、认同，更好地推进合作共赢。

（三）高层领导在企业文化建设中的作用

高层领导以身作则，成为公司核心价值观的倡导者、宣贯者和实践者，引导各级领导成为践行企业文化的标兵。现任河南瑞贝卡发制品股份有限公司董事长、总经理郑文青在传承父辈基业的基础上，主动融入时尚、信息化等新元素，不断在蜕变中创新、创新中蜕变。

1. 坚持"两个拥有"，构建全球化品牌新格局

面对全球经济疲软、国内经济结构性调整、劳动力成本上升等诸多变化，高层领导在坚持全球化战略的基础上，主动引导企业由生产制造型向品牌营销型升级，努力打造"拥有自主知识产权、拥有自主知名品牌"的国际化企业集团。

2. 深化"两化融合"，推动智能制造

高层领导在传统制造业转型升级上积极探索，瑞贝卡在生产经营过程中，以 SAP 系统为依托，形成了产品研发、物资采购、仓库管理、生产成本管理、销售及零售管理、财务管理等产品流通的全价值链封闭式信息化运营管理，实现了"财务业务一体化"与快速、高效、严谨的精细化管理和目标控制。此外，在高层领导的带领下，公司进一步加快机械化、自动化、工业化进程，优化生产流程和工艺，使机器代替人工，从而降低成本，提高生产效率，确保产品质量稳定，提升产品核心竞争力，助推公司转型升级。

3. 大力实施"生产基地转移"，实现地产地销

国内劳动力成本的上升及用工的紧缺，给发制品行业的发展带来了较大的挑战与压力。为提升公司的盈利能力和市场竞争力，高层领导审时度势，

大胆实施生产基地转移战略，将公司部分产能转移至劳动力资源丰富且成本相对较低的非洲国家，实现地产地销，不仅降低了生产和运输成本，也使产品上市周期大大缩短，并给当地创造就业机会，极大提高公司国际社会形象。

4. 拓宽市场营销渠道，实现"线上线下"融合发展

高层领导超前预见线上巨大商机，在拓展传统销售渠道的同时，积极探索新的电商营销模式，在天猫、京东、唯品会、速卖通、亚马逊、eBay 等平台推销产品，并通过社交媒体、搜索引擎、网红等增强品牌和产品的曝光率，积累顾客资源，不断开发符合市场需求的产品，实现线上、线下同时发力，形成了"买全球、卖全球"网络销售格局，瑞贝卡品牌连续多年占据天猫、速卖通等知名平台销售榜首。

同时，高层领导倡导"创新"和"诚信"的经营环境，亲自参与组织和管理创新，鼓励和带动全员创新，提出了四个创新（见图 2-2）；每年集体宣誓并签订诚信廉洁承诺书，做诚信的楷模；针对"服务"，高层领导秉承合作共赢的价值理念，积极扶持代理商和供应商发展。

图 2-2　四个创新

二　双向沟通

（一）采取多种方式进行有效沟通

高层领导通过不同形式同员工、股东、顾客、供应商、社会等相关方进行全方位、多角度双向坦诚沟通，使相关方能深切理解和认同公司文化，并在实际工作中践行。总经理每季度末主持召开总经理沟通会，公司还设立总经理信箱、职工代表大会，征求员工对经营管理、员工服务等方面的意见建议，均得到及时响应和处理。主要沟通方式见表2-3。

表2-3 与相关方主要沟通方式一览

沟通对象	沟通内容	主要沟通方式	沟通频次	沟通方向
股东	公司文化、企业战略、重大决策、公司绩效	股东大会、个别沟通、微信	股东会议每年1次，微信、网站即时，季报和年报按期	双向
		新闻媒体、公司网站、季报、年报		单向
员工	公司文化、企业战略、公司目标、企业活动、产品和服务、工作绩效等	入职培训、文化培训、知识竞赛	网站即时，年度大会和职工代表大会每年1次，其他即时	双向
		定向约谈、工作面谈、员工座谈会、职工代表大会、改善大会、年度大会、合理化建议、联谊活动、文体比赛、公益活动、员工满意度调查		
		公司网站、微信、内刊、宣传看板、员工手册、文化手册、总结表彰会等		单向
顾客	公司文化、企业战略、产品和服务等	高层互访、代理商大会、顾客恳谈会、平时电话沟通、视频会议	网站即时，代理商大会每年1次，机场和专业杂志按需投放广告，其他即时	双向
		公司网站、微信、产品展销会、广告、行业论坛		单向
		顾客满意度调查		
供应商	公司文化、企业战略、公司目标、产品和服务	高层互访、供应商走访评审、行业交流、供应商大会、电话邮件、定期面对面沟通	网站即时，互访和走访每季进行，其他按需进行	双向
		公司网站、微信、行业论坛、投诉平台		单向
政府、公共团体、社会	公司文化、企业战略、企业活动、诚信守法	政府来访、工作汇报、公共项目参与、公益慈善	网站即时，来访随时接待、每月报告，随时专题报告，公益慈善按时进行	双向
		公司网站、微信、期刊、宣传册、广告		单向

（二）对全体员工进行多种激励，以强化发展方向和重点

公司采取多种激励措施，鼓励员工实现卓越绩效（见表2-4）。

表 2-4　公司激励机制一览

激励项目	时间	激励项目达成说明
卓越贡献奖	月度	月部门开发任务完成最好、新品确认最多、接单量最多、项目进度完成最好的个人（工艺1人、化纤2人、国内1人、国际2人）。各部门负责人上报，由研发中心主任审核签字
工艺进步奖（小发明小创造）	月度	当月对简化工艺、缩短工期、提升生产效率方面做出最多努力且成绩显著的1名员工。各部门负责人上报，由研发中心和质量管理中心主任审核签字（工艺1人、化纤2人、国内1人、国际2人）
慧眼伯乐奖	月度	为公司推荐有经验的研发专业人员，经入职试用期满定岗，或复工回流关键岗位员工，经复工手续入职满1个月
新锐奖	月度	入职满2年以上，经升降级考核达到三级C档以上的研发师享受住房福利待遇
公司级跨中心重要项目激励	月度	对于参与发起、主要负责公司级跨中心重点项目的负责人（总监）和项目经理（部门负责人）予以工资补助。所有项目进行完毕后可重新核定

三　营造良好的经营环境

（一）依法管企，营造守法与诚信经营的环境

依法管企是公司发展的根基，诚信是公司核心价值观的要素之一。公司以"回报股东、回报员工、回报社会"为企业宗旨，认真遵守国家法律法规和社会公德，诚实守信、依法经营。高层领导从组织结构设计、工作流程优化、规章制度完善等方面为守法和诚信经营创造了一个良好的环境，并在日常工作中带头践行。

高层领导要求部门内部自学法律法规，同时，进一步强调商业道德的约束，对于采购和供应链等部门，设有明确的商业道德规范，由中高层领导进行视频和授课等多形式的道德规范教育，增强员工责任感、荣誉感和归属感，保障员工安全、社会统筹基本权益，促进企业和谐发展，让公司成为员工满意、客户信赖、合作共赢、行业尊重、社会认可的企业。

（二）营造有利于改进与创新的环境

公司高层坚持"创新是企业发展之源"，努力营造敢于突破、宽容失败、和谐包容的创新环境，将物质与精神奖励相结合，鼓励员工进行产品、技术、管理和服务创新，促使员工勇于、乐于和善于创新。公司参与中国发博会、"一带一路"国际合作高峰论坛、发制品跨境电商大会等会议，并与阿里巴巴合作开发项目活动，紧跟国家政策、时代发展，积极改进创新。

公司制定了"建设拥有自主知识产权、拥有自主知名品牌的国际化企业集团"的愿景目标，并把"人才、科技、品牌"作为助推企业发展的三大战略，提出了建设创新型企业的发展理念，逐步建立"以机制创新带动管理创新和技术创新"的模式（见表2-5）。

表2-5　瑞贝卡的创新模式

类型	内容
机制创新	公司不断完善激励和约束机制,激发所有人的积极性,营造干事创业的良好环境,营造鼓励创新、宽容失败的良好氛围
技术创新	公司每年投入数千万资金用于创新平台的建设、技术装备的更新升级和科技人才的引进,"自主研发、联合设计、引进吸收"多措并举,在发制品新材料、新工艺、新产品、新设备领域不断探索和创新。近年来,有7项科研成果荣获省级科研成果奖,获得各种专利证书400多项。在发制品新材料、新设备、新工艺领域充分发挥龙头带动作用
管理创新	建立理念、体系标准、方法工具的三层次管理模式,坚持推进管理体系达标和向标杆学习,向精细化、专业化、简单化管理迈进。传承企业文化,并不断创新,跟上时代的发展、社会的进步

（三）营造快速响应的环境

公司高层以顾客和市场为中心，即快速响应市场、精准满足顾客要求，建立快速响应机制（见表2-6）。

表 2-6　公司快速响应机制

类别	快速响应措施	结果
市场营销	加快推进由传统销售模式向跨境电商+品牌终端零售模式的转型,采取线上线下融合发展的经营模式;线上与国内外核心跨境电商平台合作并自建跨境电子商务独立站,搭建全系列、多渠道的国际跨境电商平台,并聘请专业团队运营,提升店铺与品牌的竞争力	精耕细作,精准营销,快速响应顾客需求
产品研发	采取"自主开发、联合设计、引进吸收多措并举"的研发模式,满足、超越顾客需求,推出新产品引领市场流行趋势	产品研发周期缩短,快速应对市场变化
信息系统	公司重点围绕改造提升传统产业,建立了以 SAP 为核心业务平台的企业信息化系统,实时收集市场、研发、生产、销售链条的信息	为公司各个环节的决策提供更加全面的数据基础支持,帮助企业持续降低发展成本和提升发展质量
市场需求	公司结合国外当地市场情况,实施生产基地的转移战略,在尼日利亚、加纳、柬埔寨和莫桑比克等国家和地区建设生产基地	发挥了"地产地销"优势,提高公司盈利能力
顾客反馈	400 全国客服热线、微信、微博、满意度调查、门店、公司内部反馈、消费者协会、媒体及司法单位等	其他部门 2 小时内作出反馈,客服部 24 小时内作出解决方案

(四)创建学习型组织,营造全员学习氛围

高层领导本着"培训很贵,但不培训更贵"的理念,强力推行学习型组织建设。

1. 领导干部率先垂范

公司领导干部与时俱进,在繁忙的工作中克服困难,通过参与线上、线下现场培训学习,不断获取和共享新知识,发挥带头作用。

2. 坚持文化引领

坚持宣贯同步成长的人本文化、追求卓越的质量文化,通过开展"大工匠""技术质量能手""优秀共产党员""先进班组"等一系列评选活动,评先创模,树立不断学习的标杆。

3. 依靠制度保障

建立人才培养、使用、评价和激励机制，包括人才交流机制、人才梯队建设机制、职业生涯规划等，为学习型团队建设提供良好的制度保障。

4. 调动全员参与

通过自下而上的 QC 小组活动，校企合作培训，聘请顶级专家培训技术人员和操作工人，组织各类内外部学习培训、各项专题研讨会等多种方式，创建全员参与的学习环境。

四　履行质量安全职责

公司坚持"质量第一、从头做起"的质量方针，率先在国内发制品行业中通过质量、环境、职业健康安全体系认证和 IQNET（国际认证联盟）质量体系认证。为了加强与生产部门的互动，更好地实现"强化质量意识、规范质量活动、解决质量问题"，防止质量问题在生产经营活动中发生、蔓延，质量管理中心定期召集各相关部门负责人、质量负责人、质检员等，主持召开质量例会和质量问题分析会议。

一是强化质量源头控制，有效控制色档发质量；二是组建评审监督小组，及时跟踪质量；三是完善检验流程，加大检验监督力度；四是完善客户反馈考核制度，积极整改，提高质量；五是新品工艺与生产实际相结合，提升先行工艺的准确度；六是做好走货期监督管理，确保顺利走货；七是积极推动工艺改进项目，提升节能降耗水平。

公司制定了《质量工作手册》，严格贯彻落实公司质量方针和质量目标，规范开展质量检验、质量过程控制、纠正与预防、质量事故责任追究等管理活动。

五　从战略高度推进品牌建设和质量提升

（一）品牌策划

改革开放 40 多年来，公司从零起步，历经从"做头发"到"做假发"，从"手工作坊"到世界"发制品王国"，实现了历史性的三大跨越：由原材料加工作坊向产成品工业化生产的跨越；由单一生产型企业向自主经营、自主出口、自负盈亏的现代化企业的跨越；由家族式企业向股份制社会公众公司的跨越。郑有全提出了"永不满足、永远追求"的企业发展观和"说了就干、干则必成"的工作作风，提出了基于产品品牌与企业品牌的一体性，以企业的使命、愿景和核心价值观为品牌的使命、愿景和核心价值观，制定了"人才、科技、品牌"三大战略。

企业名"瑞贝卡"被赋予了形象化创意的英文字母"R"，企业取名"瑞贝卡"有两层含义：一是 20 世纪 50 年代，曾经轰动美国的影片《蝴蝶梦》中的女主人叫"瑞贝卡"，其美好形象深深留在美国人的记忆里，而瑞贝卡公司的产品大部分要销往美国市场；二是假发的消费对象以女性为主。

企业标志见图 2-3，寓意有四：徽标以瑞贝卡的首字母"R"为设计元素；"R"像两条飘逸的发丝，具有行业象征；象征黑人头型、女士装饰，体现产品导向；造型方中有圆、圆中有方，象征瑞贝卡灵活的经营策略和博大胸怀。

图 2-3 瑞贝卡企业标志

（二）品牌定位

公司在实现"拥有自主知识产权、拥有自主知名品牌"愿景的进程中，积累了丰富的市场和品牌管理经验，开创性地提出"顶上时尚"概念，倡导消费者在尝试和蜕变中发掘自身潜在的魅力，释放真我风采，推崇对时尚精神的更新和对真我勇敢的追寻。

1. 国内市场品牌定位

Rebecca 是公司旗下高端品牌，核心消费群体为时尚、独立的都市女性。

Sleek 品牌以引领发型潮流为目标，以实现追求完美的梦想为使命，不断创造出令人惊叹的风尚假发，得到广大爱好美丽、彰显个性的顾客的好评与青睐

2. 国际市场实施多品牌策略

以五大品牌为主，丰富品牌组合，拓宽消费群体，人发品牌树形象、化纤品牌促销量，提升市场份额（见图 2-4）。

图 2-4 国际市场的多品牌

利用品牌定位，使用合适的多渠道营销手段，搭配独有的特色产品和价值内容营销，打造清晰准确的差异化版图，培养客户对五大主品牌的认可和信赖。

（三）多维度品牌管理

1. 品牌宣传与推广

（1）国内品牌推广。重视新媒体线上推广，加强与分众、美图秀秀等新媒体的沟通合作，增加线上直播、微淘、小红书、短视频等传播渠道。线下推广有电梯、地铁广告等方式。不断积极寻找新生代消费突破口，利用当

红明星、网红、网络、门户、平面、线上线下等常规媒介与新媒体的结合，实现与年轻人的互动交流。以个性创意、时尚动感等艺术题材为切入点，策划有宣传点和话题性的活动，并增加品牌在慈善方面的投入及推广，提高品牌附加值及美誉度。

（2）国外品牌推广。通过自媒体付费广告（包括 Facebook，Instagram，Snapchat 等），发布有主题、有趣的原创线上活动和内容，打造价值和原创内容相结合的品牌推广新模式，提升粉丝数量和品牌社交媒体影响力，由流量型思维向价值型思维转变。

2. 品牌形象管理

致力于公益事业，以提升品牌形象。如瑞贝卡公司每年都开展"金秋助学"活动，每年拿出数十万元捐助贫困学生上学；河南郑州"7·20"特大暴雨期间，瑞贝卡集团捐款 100 万元，积极向浚县灾区捐赠生活物资，并组织当地生产基地累计接收受灾群众近 400 人。

公司商标由总经办负责管理，研发中心、营销中心等部门协助对商标的注册、使用、纠纷、市场假冒等进行全面、科学地管理和监控，建立了商标管理体系，制定《商标使用管理细则》《商标档案管理条例》《对举报、打击假冒集团商标有功人员的奖励办法》《侵权案件办理规则》等管理制度，将商标管理纳入规范化、科学化的轨道。

3. 品牌维护

公司把树立品牌形象同商标保护相结合，实施了与发展相适应的商标保护策略。

一是对相关商标进行保护性注册，预防近似、抄袭、类似商标恶意抢注事件。

二是委托代理机构实时对商标进行监控，若发现获得初审公告的近似、类似、抄袭商标，随时向国家商标局提出异议，并提高公司品牌的公众知晓度。

三是专门设立举报电话，打击制售假冒公司各商标产品的行为，确保商标侵权和假冒案件得到及时处理。

4. 品牌结果

公司品牌发展至今，凭借优秀的品牌策划、精确的品牌定位以及多维度的品牌管理获得了各种荣誉，如"河南省国际知名品牌""中国驰名商标""河南省著名商标""河南省名牌产品"等。

六　建立风险管控和人才培养机制，确保企业持续经营

（一）风险管控

高层领导非常重视风险管理，在公司会议、《瑞贝卡人》上强调公司经营的风险，提高员工风险意识。同时编制了《内控手册》，实施全面风险把控，总经办设有法务岗位，在对外经营及合同的签订上严格把关，把风险降到最低。制定了严格的新闻审核流程，规范对外品牌传播和公司宣传流程，并要求总经办、证券部对于对外传播的数据及真实性进行把控。公司部分主要风险管理清单见表 2-7。

（二）人才培养

公司制定了《人才梯队建设方案》，成立人才发展领导小组，负责指导公司人才梯队建设，坚持"内部培养为主、外部引进为辅"的培养原则，专业型培养和综合型培养同步进行，建立 A、B、C 三级后备人才库，为公司可持续发展提供人才储备。

表 2-7　公司主要风险管理清单（部分）

| 序号 | 风险来源 | 风险类别 | 风险内容 | 风险分析 | | | | | 管理措施 | 责任部门 |
				严重程度	发生频率	可探测性	RPN	风险级别		
1	内部	战略风险	宏观政策把握不准、战略选择错误、并购风险、战略执行不到位、战略目标不实际、重大投资失误、新产品开发投入风险、品牌声誉风险、资源分配不当、绩效管理不合理	9	2	5	46	严重风险	战略评审、定期回顾、及时调整、建立战略风险控制体系、提升管理人员的能力和素质等	战略发展委员会

序号	风险来源	风险类别	风险内容	风险分析					管理措施	责任部门
				严重程度	发生频率	可探测性	RPN	风险级别		
2	外部	法律风险	国内外法律法规要求、甲方信用、甲方破产、应收账款、灾难性损失、金融税收、借贷关系、合同履行、不可控因素	4	2	4	25	严重风险	学习和及时了解最新法律法规条款、增强法律意识、诚信守法、聘请专业法律顾问等	营销中心各部门
3	外部	市场风险	价格竞争、原材料供应、供应商质量、供应商破产、客户信用、利率和汇率波动、产品研发等	6	2	2	27	严重风险	及时收集和分析市场走向、客户和供应商信用评估、产品定位、产品经理机制等	供应链管理部门、采购部、研发中心、工程研究中心
4	内部	运营风险	公司治理风险、流程管理效率、人力资源风险、管理模式风险、技术风险、产品质量风险、交付风险、信息管理风险、外部事件风险	6	2	2	18	一般风险	建立风险管理制度、健全内部运营管理流程和制度、重大事项问责制、合同评审、规范生产过程、安全库存、先进设备、信息化更新等	各部门
5	内部	财务风险	财务报告、财务控制、现金流、应收账款、盈利能力、资金管理、资本运作、税收、借贷、对外担保	5	1	3	15	一般风险	合理的资金结构、对外投资审批和监管、资金管理和资金使用分离、财务风险管理制度、引进先进的财务管理系统和风险管理系统	统计部、财务中心、审计部

续表

序号	风险来源	风险类别	风险内容	风险分析					管理措施	责任部门
				严重程度	发生频率	可探测性	RPN	风险级别		
6	内部	质量风险	研发质量、原材料质量、生产工艺、产品生产质量、运输质量、安装质量、服务质量	6	1	3	18	一般风险	构建全价值链质量管理体系、信息化自动检测和监控、质量预警、增强人员质量意识	各部门
7	内部	安全风险	设备安全、安全生产风险、仓储风险、高空作业、不正当操作风险、安全事故风险	6	2	2	35	严重风险	落实安全责任、制定安全规范、加强安全教育和培训、实施安全检查、作业标准化等	设备安全环保处
8	内部	环保风险	"三废"污染物超标排放、危化品泄漏、废物处理、环境问题违规、噪声超标等	6	1	3	18	一般风险	做好环评和规划、加强环保设备的管理、定期实施检查、监控排放指标、监控废物处理资格	设备安全环保处

七 定期组织绩效评价促进持续改进

公司建立一套科学合理的组织绩效评审机制，基于年度预算的 KPI 指标，对各部门、各系统指标进行月度分解或季度分解，按月或按季进行考核。总经办根据中长期战略目标和年度经营目标，组织各业务部门编制年度经营计划，报公司领导审批后执行。按照平衡计分卡设置 KPI 考核指标，分别由相关职能部门负责指标完成情况的数据收集、评价和分析，通过季度公司运营分析会，定期评价关键绩效指标的实现程度和能力，并根据评价结果，确定改进和创新的重点（见表 2-8）。

表 2-8　高层领导评价组织绩效的能力和方式

评价内容	主要指标	评价方式	评价周期	评价部门	输出报告
长期目标	战略规划实施与评审、战略规划调整情况	战略研讨会议	1次/年	总经办	战略评审报告
财务、顾客与市场（涉及与竞争对手及标杆企业比较）	工业总产值、销售收入、利润总额、利润率、新产品产值、新产品利润、国内加盟商拓展数、国外高档店拓展数等指标	公司预算分析会	1次/月	统计部财务中心营销中心	财务分析报告
	应收账款控制率、流动资产周转率、成本费用率、劳动生产率、总资产贡献率、销售回款率				
	公司各业务部门主要指标完成情况				
内部运营流程	一体化管理体系运行有效性	管理评审会	1次/年	质量管理中心	管理评审报告和改进计划
	产品交付合格率、产品准时交付率、顾客满意度、顾客投诉问题重复发生次数、投诉处理有效率	质量分析会	1次/月	制造中心营销中心	质量分析报告
	公益支持经费	总经理办公会	1次/月	总经办	会议纪要和工作计划
	综合能耗、安全类指标、环保类指标	安全生产例会	不定期	设备安全环保处统计部	会议纪要和工作计划
	信息化专项计划实施完成率	信息化专题会	不定期	信息化管理部	实施计划
学习与成长	年人均培训课时、关键岗位人员流失率、员工流失率	培训年会	1次/年	人力资源部	工作计划
	培训总费用、人均工资增长率	总经理办公会	1次/年	人力资源部财务中心	财务分析报告
	员工满意度	员工满意度调查	1次/年	人力资源部	员工满意度报告

第二节　组织治理

公司不断完善组织治理机构，建立了科学的内控系统，定期评审高层领导的绩效，努力保证内外部审计的独立性与有效性，有机协调了企业与各相关方的利益。

一　组织治理的管理因素

公司根据《公司法》《证券法》《上市公司治理准则》《上海证券交易所股票上市规则》等有关法律法规、规范性文件的要求，明确公司高级管理人员的责任、权利与义务，形成企业决策、执行和监督机构相互协调、相互制约的机制。公司定期对关键领导岗位进行监督、审计，促使高管人员肩负起忠实和勤勉义务，保证组织活动的合法性、规范性、有效性。

（一）管理层责任

1. 经营责任

公司建立了由股东大会、董事会、监事会和经营层组成的现代公司治理结构，制定了《股东大会议事规则》《董事会议事规则》《监事会议事规则》《总经理工作细则》等内控制度，并在公司董事会下设战略发展委员会、提名及薪酬与考核委员会、审计委员会三个专业委员会，从制度上建立了股东大会、董事会、监事会及经营管理层各自应履行的职责和议事规则。

2. 道德责任

把遵守商业道德规范作为一切决策的基本条件，对违背公共道德的行为和制度坚决摒弃，不断强化企业自律，争做优秀企业公民。

3. 法律责任

将合法合规经营作为基本准则，并将相关要求写进员工劳动合同和绩效考核责任书，依规依法建立管理系统，定期进行法规培训，加强领导的法律意识。

（二）落实财务责任

1. 完善财务制度

公司制定了《财务管理制度》《对外担保管理制度》《对外投资管理制

度》《关联交易制度》等内控制度。公司设有独立的银行账户，未与控股股东、实际控制人及其控制的其他企业共用银行账户。

2. 建立严格的财务审批制度

为加强对财务资金的监管，防止违纪行为发生，公司根据内部财务制度建立了严格的财务审批程序，明确用款计划审批、付款管理、年度财务预算编制等流程，明确高管授权及责任。

（三）确保经营管理透明且及时披露

公司严格按照《上市公司信息披露管理办法》等法律法规及公司相关规定，遵循真实、准确、完整、及时、公平的披露原则，切实履行上市公司的信息披露义务，维护全体股东的合法知情权。通过上证 E 互动、投资者热线、公司邮箱、公司网站等，加强与投资者沟通；同时公司加强与上海证券交易所、河南证监局等监管部门的联系，及时汇报涉及公司规范运作的相关事项，特别是重大事项的相关情况，积极听取监管部门的意见和建议。

（四）内、外部审计的独立性

1. 内部审计

根据《内部审计基本准则》《公司章程》，制定公司《内部审计工作规定》，配备专职审计人员，依法对公司及下属单位的会计报表、会计账簿、会计凭证及有关经济活动进行审计，对财务收支的真实性、合法性和效益进行监督和评价。

《内部审计工作规定》和审计人员的职责，由董事会直接批准；审计负责人由董事会经过相应程序进行任免，直接向董事会负责并报告工作，并有权出席由董事会或最高管理层举行的与审计、财务报告、内部控制、治理程序等有关的会议，拥有独立于各职能部门的审计监督权。

2. 外部审计

严格遵守《公司法》《公司章程》，每年聘请会计师事务所进行外部审计。会计师事务所的聘用和审计费用直接由股东大会决定，不受董事会、经营班子的意见影响；股东大会在对解聘会计师事务所进行表决前，须充分听取会计师事务所陈述意见。

高层领导确保向股东大会聘用的会计师事务所提供真实、完整的会计凭证、账簿、报告及其他资料。

公司自成立以来，坚持按照执行董事提名、股东大会审核批准的程序，聘请中喜会计师事务所（特殊普通合伙）提供会计审计报表、资产评估、咨询等服务，几年来均出具了标准无保留意见审计报告。

（五）相关方利益的保护

公司一贯坚持诚信共赢的经营理念，充分尊重和维护利益相关方的合法权益，努力实现股东、员工、社会等各相关方利益的协调平衡，共同推动企业的持续、健康发展（见表2-9）。

表2-9　相关方利益保护一览

相关方	利益诉求	保护措施
股东	资产增值保值、投资收益、企业成长	公司在生产经营稳步发展的同时，积极着力于与投资者建立长期信任与共赢的关系，为此始终非常重视对投资者的回报，实行了持续、稳定的股利分配政策，积极与股东构建和谐关系。公司积极落实《上市公司监管指引第3号——上市公司现金分红》相关规定，努力为投资者创造更多的回报。公司高度重视对债权人合法权益的保护，严格按照公司与债权人签订的合同，全面履行相关责任和义务，并在日常工作中保证与债权人的顺畅沟通，及时通报与其相关的重大信息，保障债权人的合法权益
顾客	产品质量、产品安全环保、价格、服务	对代理商实行分级管理，与A类代理商建立战略合作伙伴关系，通过管理输出等方式与代理商共享成果。设立400全国客服热线，受理顾客对营销服务和产品质量方面的投诉，保护消费者利益
员工	薪酬、福利、权益、安全、职业发展、技能	公司推行"以人为本"的管理文化，严格按照《劳动法》《劳动合同法》的规定，依法保护职工的合法权益。合理设置劳动岗位，明确岗位职责，健全公司薪酬设计、岗位评价、绩效管理、员工职业规划和内部职称评审体系，关爱员工，构建和谐的劳资关系，使人力资源部的各项工作适应公司快速发展的需要，为公司的可持续发展提供人力资源保障
供方及合作伙伴	及时付款、招标公开公平公正、共同发展、共赢	在"风险共担、成果共享、优势互补、合作共赢"合作理念指导下，建立以"人人是老板"为核心的分红体制，调动了合作方的积极性和责任心，开创了一条带动合作方增收致富的特色之路
社会	依法纳税、安全生产、绿色环保	公司把纳税、环保等各项工作都进行了责任分解，取得良好效果；发展循环经济，推进节能减排，实现低碳发展；落实安全环保目标

二 高层领导和治理机构成员的绩效评价

高层领导绩效评价采取由公司人力资源部负责组织各子公司领导每年底进行述职，由公司总经理对各业务部门领导、各子公司进行评价，对其经营目标、工作计划、重大工作事项等进行评价，高层领导内部上下级评价、高层领导互评的评价方式（见表 2-10）。

表 2-10　高层领导绩效评价

评价方式	评价内容
上级主管单位评价	公司根据对各子公司的绩效考核管理办法,结合每年与公司总经理签订的绩效指标对其进行考核,并将其作为对公司领导班子的考评依据
高层领导互评	通过领导班子会议进行相互评价
高层领导内部上下级评价	总经理直接对各副总经理业绩进行评价

根据评价结果，在结合当前发展和下一步战略规划的基础上，高层领导确定绩效改进要点，制订改进计划并将实施效果纳入高层领导下一轮的绩效评价中，以提高高层领导的领导能力、决策能力，从而形成激励与约束并存的绩效评价和改进系统。

第三节　社会责任

瑞贝卡自成立以来，始终秉承"壮大瑞贝卡、完善自我、报国惠民"的价值理念，大力弘扬"精诚、创新、发展"的企业精神，以"回报股东、回报员工、回报社会"为己任，认真遵守国家法律法规和社会公德，诚实守信、依法经营，在追求公司经济效益和股东利益最大化的同时，十分重视对利益相关者、社会、环境保护、资源利用等方面的非商业贡献，积极促进公司与社会的和谐发展。

一 公共责任

（一）识别公司产品、服务和运营的影响，并采取措施

公司按照《产品质量法》《环境保护法》《安全生产法》等有关法律法规，建立并通过了质量、环境等体系认证，包括国际质量管理体系认证 ISO 9001、国际环境管理体系认证 ISO 14001、职业健康与安全管理体系认证 ISO 45001、国际认证联盟质量体系认证 IQNET、能源管理体系认证、海关高级认证。

公司高度倡导绿色生产，重视并推进安全生产、环境保护、能源资源消耗、职业卫生等工作，资源利用率已达 85%（见表 2-11）。

表 2-11 环境保护、能源资源消耗、安全生产、职业卫生控制方法

控制项目	影响指标	影响因素	国标、行标	控制指标	测量方法	控制方法
环境保护	废水	水体污染	《污水综合排放标准》	达到或超过国家/地方相应的标准	公司内部自测、环保局监测	生化二级处理
	噪声	居民生活	《工业企业厂界噪声标准》	厂界外 1 米 60 分贝		噪声源治理，采用新工艺
	废弃物	水体土壤大气污染	《危废物储存污染控制标准》	达标排放		统一收集，依法交有资质单位进行无公害处理
能源资源消耗	水、电、气等	能源、资源增加生产成本，导致污染环境	《用能单位能源计量器具的配备和管理通则》、国家"十三五"规划节能要求	水、电、原材料的消耗	目标考核	制定能源管理制度，推广利用节能新技术、新材料、新设备、新工艺
安全生产	安全生产事故、社会治安	人员伤亡，财产损失，影响社会稳定	《安全生产法》《消防法》《治安管理处罚法》	安全事故率≤0.1%，重大消防事故为0，重大社会治安事故为0	安全评价内部审核外部审核	落实各级安全生产责任制，定期检查、限期整改、应急演练
职业卫生	噪声、酸腐蚀	导致职业病产生，影响居民生活和社会	《职业病防治法》《工业企业设计卫生标准》	无职业病	许昌市职防所年度监测	健全职业卫生档案，每年一次体检，工作场所职业病危害因素周期性监测，危害点的治理改造，个人防护用品的发放和佩戴

（二）主动预见和应对公众对产品、服务和运营方面的担忧

1. 应对公众对环境保护的担忧

公司在生产过程中会产生少量废弃物、废水、废气和噪声，公司认真执行《环保法》等法律法规，投入建设了必要的环保设施，建立了应急指挥体系，制度健全，责任明确。

公司积极构建资源节约型、环境友好型企业。通过着力落实节能目标责任制，应用信息化、标准化、系统优化等先进的管理手段，有效控制各个环节的能源消耗；通过优化生产过程、工艺水平等技术措施，全面提高能源利用率。

2. 应对公众对产品质量的担忧

公司建立了质量风险防控机制和内外部质量追溯机制。对于出现的产品质量售后问题，由相关部门第一时间进行处理，对可能产生的重大质量纠纷，由运营负责人或总经理直接领导处理，公司合规小组给予协助，确保为客户提供高质量的产品。

3. 应对安全生产的担忧

公司高度重视安全生产，严格遵守相关法律法规，制定了相应的保障机制与应急预案。成立了以总经理为组长的企业安全生产管理机构，制定了覆盖面较为全面的《安全生产管理制度》。按照"安全第一、预防为主"的工作方针，实行责任追究制，各厂区均配置了安全生产管理人员及专职安全员。在安全生产方面，公司已取得《安全生产标准化三级企业》。

（三）为达到更高绩效，建立应对相关风险的关键过程及绩效指标

公司围绕清洁源头、过程控制和运行结果监测及问题限时整改，最大限度地降低风险，打造绿色企业，维护良好的生态环境。

在安全环保方面，通过自检自测、政府监督测量、第三方测量等方式，在满足国家标准、行业标准和企业标准的同时，实现企业安全健康发展。

二 道德行为

（一）严格遵守诚信准则，构建组织信用体系

诚信是企业生存和企业间竞争与合作的基础，公司秉持"以人为本，诚信经营；开拓创新，品质卓越"的经营理念，诚信处理与相关合作方的关系，严格履行合同，塑造"诚信瑞贝卡"的形象。坚持诚信共赢理念，从合法经营、产品质量、履行合同等方面评价相关方诚信，强化与诚信相关方的战略合作，对不诚信者予以警示和淘汰。

公司一贯强调员工要遵纪守法、不徇私利、尽职尽责，制定《员工手册》，公司董监高在任职期间严格遵守相关法律法规规定，积极进取，锐意创新，保证股东尤其是中小股东的利益。

（二）道德行为监测体系

公司明确了监测公司道德行为的过程与指标，构建了相关监测体系（见表2-12）。

表 2-12 公司道德行为监测体系

监督对象	监测过程	监督部门	测量方法	测量指标
公司高层	治理结构	证监会、监事会、媒体	公告、会议、检查等	独立董事占比超过1/3
	勤政、廉政	公司总经办及政府有关部门	投诉举报	违纪违法事件为零
公司中层干部及职能部门	管理行为的公正性	公司总经办、审计部	内部监督、审计	经营活动无违规
		公司的合作伙伴	满意度测评	顾客满意度90分以上
		公司员工	满意度测评	员工满意度85分以上
	生产经营活动的规范性	税务部门	税务检查及评价	依法纳税
		银行	银行信用评价	按时还贷
		有关主管部门	财务检查	财务报表真实、准确、完整
		合作伙伴	合同履约	合同履约率100%
公司员工	日常行为	相关合作方、内审部	相关合作方的投诉、违纪处理	杜绝不文明行为

三　公益支持

公司高层高度重视公益活动，每年通过慈善捐助、金秋助学、扶贫助弱等活动，支持教育、社会福利事业的发展。结合公司的发展战略，制定公益规划，在多个方面支持社会公益事业（见表2-13），公司被政府授予"最具爱心慈善企业"等荣誉。

表 2-13　公益支持规划

方向	项目	计划	理由
教育	大学生创新支持	瑞贝卡教育基金	符合公司支持教育、吸引人才的价值观，有利于提高公司的影响力，提升公司形象
	金秋助学		
	大学生见习基地	与有关部门合作，吸引更多大学生到企业实习	
扶贫社区工作支持	精准扶贫工作	通过帮扶，逐步改善结对帮扶村的面貌	符合公司"报国惠民"的价值观，积极履行"工业反哺农业"社会责任，支持社会发展和社区建设，助力社会公益事业和社会文化建设，提升公司的美誉度
	重大公益活动支持	资金支持	
	周边区域文体活动支持		
环保	投入资金，建设环保设施	确保正常运行	符合公司有关环保的价值观，履行社会责任，减轻环保压力，鼓励节能环保技术创新，推广节能技术
	节能环保	研发投入	
慈善	捐赠善款	资金援助	符合公司"报国惠民"的价值观，关注社会公益，培养爱心和责任感，促进社会和企业的和谐发展
	灾难捐款	捐款捐物、提供援助	
	安置转业军人、残疾人就业	安置就业	

【案例1：捐资助学】 自20世纪90年代起，瑞贝卡就先后多次向许昌县实验中学、许昌县实验小学、小宫小学、灵井镇教育办等捐款捐物。2004年，为解决许昌县高中不能满足社会需要的矛盾，瑞贝卡投资8000多万元建设了一所独立的优质高中——建安区第三高级中学。同时，1997年以来，瑞贝卡公司每年都要开展"金秋助学"活动，每年拿出数十万元捐助贫困学生上学，改变了无数个贫困家庭的命运，阻止了贫困在这些家庭代际传递。

【**案例2：扶贫**】在"百企帮百村"扶贫中，瑞贝卡共承接了张潘镇城角徐村，椹涧乡西耿村，蒋李集镇岗城村，磨街乡马峒村，将官池镇王店村、湖徐村，艾庄乡袁庄村、艾庄村等8个村的对接帮扶工作。帮扶椹涧乡西耿村和将官池镇湖徐村期间，出资10万~20万元改造了椹涧乡西耿村村委大院、湖徐村村文化大院及配套工程等，满足了基层群众的文化需求。对于贫困村的贫困户，每年春节等传统节日前夕，公司都会派专人为他们送去米面油等生活必需品。

资料来源：根据瑞贝卡公司政府质量奖申报材料整理。

第三章
战略引领未来：企业的赋能型战略模型

公司基于使命、愿景和核心价值观，以及"战略引领未来"的理念，成立了以董事长为主任的战略发展委员会，负责公司战略的制定和部署；制定了战略管理流程（图3-1），通过 PESTEL 分析、波特五力模型、KSF 分析、SWOT 分析等工具，每年滚动制定三年公司战略和业务、职能战略。公司制定了面向愿景实现的"赋能型战略模型"和协调一致的战略目标体系，通过战略责任关联矩阵与各部门关联，并描绘战略地图，制定公司级平衡计分卡（绩效指标塔），基于"横向到边、纵向到底"的原则及时间维度，对战略目标和战略进行分解，形成各层次的公司卓越绩效指标塔、业务和职能战略实施计划和资源配置方案，并滚动预测未来三年战略绩效，以制定既有挑战性又有可行性的目标，并及时对战略实施计划、绩效和资源配置进行调整。

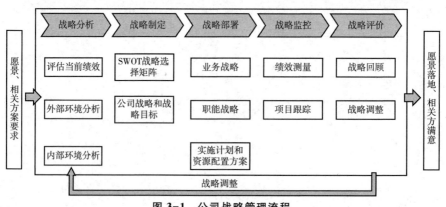

图 3-1　公司战略管理流程

第一节 战略制定

公司基于使命、愿景和核心价值观，采取自下而上和自上而下相结合的方式制定战略。

一 战略制定过程

（一）战略制定过程及战略区间

1. 规范的战略制定过程

公司自创立以来，经历了三个大的发展阶段，实施了五个战略期（见图 3-2）。

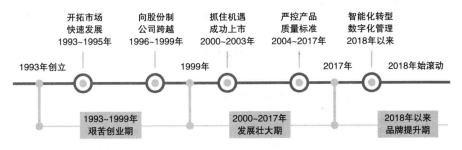

图 3-2 公司战略规划阶段

公司建立了以董事长为主任、高层管理团队为骨干、资深专家为顾问的战略发展委员会，负责公司战略的制定。质量管理中心负责具体协调，各部门及分公司负责职能战略和业务战略的展开与实施。公司战略制定过程见图 3-3。

2. 合理选择战略区间

公司根据发制品行业紧跟时尚、变化较快等特点，自 2016 年起将战略规划区间由三年一次改为每年滚动制定三年规划，以适应环境变化和行业快速发展。公司战略分为两种时间区间：短期战略时间区间为 1 年，即公司年度经营计划，与财务核算区间相一致；长期战略时间区间为 3 年，主要基于行业发展环境的可预测性。

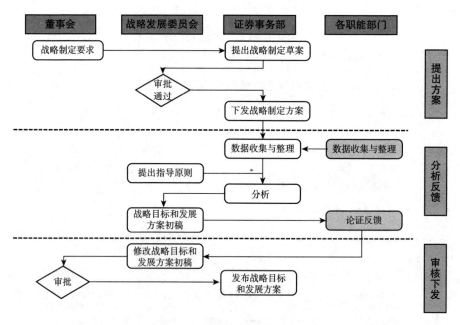

图 3-3　公司战略制定过程

（二）战略环境数据、信息的收集和分析

1. 全面系统地收集数据和信息

公司建立了完善的多渠道数据、信息收集体系，确保其全面性、及时性和有效性，涵盖所有关键因素（见表 3-1）。

表 3-1　数据、信息收集体系

类别	主要种类/内容	来源	分析方法	责任部门
顾客与市场	顾客当前和潜在需求，顾客满意度，市场需求变化及趋势	领导拜访、代理商大会、参加展会、顾客访谈、市场调研报告、顾客满意度调查、对标、座谈会、参加工商联谊会、顾客回访、委托第三方调查	柱状图、折线图、趋势分析法、回归分析法、时间序列分析	营销中心和研发中心牵头，战略和研发等协助
竞争环境及竞争能力	宏观政策、行业政策、区域市场情况、标杆企业和竞争对手信息、供方变化信息	国家和地方统计局、行业协会、网站、第三方调研、公司内部反馈信息、顾客访谈	波特五力模型、波士顿矩阵分析	营销中心牵头，战略和研发等协助

续表

类别	主要种类/内容	来源	分析方法	责任部门
重要创新变化（产品、服务和运营）	国内外行业及内部重大新技术的开发信息，新技术、新工艺、新方法的应用情况	行业协会、内外部研讨会、政府机构、行业专家、供应商、专业期刊、参加展览会、工商联谊会、国内外权威机构发布的信息、委托第三方调查	头脑风暴法、折线图、趋势分析法、回归分析法、PESTEL分析、KSF分析	营销中心和研发中心牵头，采购等协助
资源配置优先考虑的产品、服务或领域	行业政策、发制品行业信息、基础设施	行业协会、国家发展改革委和质监总局等政府网站、第三方机构	SWOT分析、杜邦分析、波士顿矩阵分析	人力资源部、财务中心和统计部
经济、社会、道德、法律法规及其他潜在风险	国家宏观政策、政治法律、经济形势、社会文化、技术发展趋势	国家统计局、各大财经网站、政府网站、行业专家	PESTEL分析、趋势分析法	营销中心、证券部、财务中心
国内外经济形势变化	宏观信息、区域及微观经济信息	国家统计局、各大财经网站、政府网站、行业专家	趋势图、时间序列分析	营销中心、证券部、财务中心
组织特有的影响因素	公司资质、生产能力、成本控制、资金运作能力、产品质量、供应链、技术水平、人力资源、品牌影响力、企业文化、相关方关系	公司战略、公司SAP等系统、OA系统、部门工作报告、外部咨询机构、内部研讨、员工访谈	KSF分析、标杆对比、专家打分	营销中心牵头，生产、采购和研发等协助
可持续发展要求和相关因素	安全、环保、绿色节能及职业健康方面信息	环保局、内部检测报告、员工访谈、第三方检测机构	趋势图	营销中心牵头，战略和研发等协助
战略执行能力	公司战略指标、各职能指标、行动计划完成情况	公司BI系统、经营分析报告、战略回顾报告、部门工作报告	趋势图	财务中心牵头，战略等协助

2. 科学的数据和信息分析

公司基于使命、愿景和核心价值观，在多渠道收集内外部环境信息的基础上，对公司前期战略和执行情况进行评价，应用 PESTEL 分析、波特五力模型、KSF 分析、SWOT 分析等方法，进行战略分析、定位和战略选择，编制公司战略规划。

（1）外部环境因素：PESTEL 分析

在外部专家协助下，公司应用 PESTEL 分析对发制品行业外部环境因素进行了分析（见表 3-2）。

表 3-2 外部环境因素-PESTEL 分析

单位：分

要素	有利因素	重要度打分	不利因素	重要度打分
政治（P）	国家宏观政策稳定	3	中美贸易摩擦	2
	知识产权保护	3	—	—
经济（E）	发制品行业规模不断增加	3	国内经济增长放缓	3
	共建"一带一路"国家战略助推海外市场	5	劳动力成本上升	3
	国家倡导两化融合,促进企业转型升级,我国资本市场不断成长,发制品企业融资渠道和方式趋向多样化	5	—	—
	居民收入持续上升,居民购买意愿持续攀升	3	—	—
社会（S）	作为时尚产品广受欢迎	5	近期频发的质量安全问题引发社会对行业的信任危机	5
	发制品的刚性需求	5		
科技（T）	提倡安全、环保、绿色节能、数字化	3	节能环保装置可能增加成本	3
	国家对高新技术企业的税收优惠支持	3	—	—
	化纤发丝生产技术的国际垄断	4	—	—
环境（E）	发制品在国内外广受欢迎	4	—	—
法规（L）	发制品质量标准的应用,提高行业门槛	5	—	—

注：5分制，3分为行业平均水平。

关键机会：研发技术、创新能力等，高端技术的巨大投入和"一带一路"倡议，是未来市场增长点；另外，国家对两化融合高度重视，为企业信息化和数字化提供政策支持，国家发制品标准逐步趋严对公司也是机会。关键威胁：行业同质化严重，原发成本提高导致发制品市场增长放缓；社会对发制品产品的质量安全高度关注。

（2）行业趋势分析

中国发制品市场发展迅速，目前是世界上最大的发制品市场，占全球发制品市场70%以上，但整体增长趋缓。未来国内发制品市场仍然将保持非常大的出口量；由于发制品出口量的不断增加，未来面向国外消费者的产品定制、更新和改造的服务市场巨大。

（3）行业环境因素：波特五力模型

波特五力模型，对现有竞争对手、潜在进入者、供方、买方、替代产品和服务进行了分析（见表3-3）。

表3-3　行业环境因素-波特五力模型

主要方面	主要因素
现有竞争对手	国内新注册的具有制造生产资质的发制品企业达4760多家,竞争激烈 行业企业产品同质化严重,产能严重过剩 品牌集中度升高
潜在进入者	行业壁垒降低,行业新入者增多 订单式小批量定制化生产,管理要求高 消费方式转变明显,冲击了大型企业的传统客户关系
供方	主要供应商比较集中,有潜在的交付风险 具有一定的议价能力 原材料涨价风险
买方	买方对中高端发制品的品牌影响力要求较高 买方对中低端发制品的价格敏感度高 买方对交付、售后服务的要求提高
替代产品和服务	发制品因其良好的使用性能暂时还没有产品可以取代,但随着各项技术的不断成熟,研发与创新对企业能力提出新的挑战

关键机会：发制品需求量大，客户对产品和服务质量的要求越来越高。关键威胁：行业竞争越来越激烈，产品同质化严重，中高端项目对品牌要求高。作为民族企业，只有坚持创新、突破技术瓶颈、提升品牌才能获取竞争优势。

（4）行业竞争对手分析

目前，根据企业规模、制造工艺水平，可将国内假发制品制造商划分为三个梯队，分别是具有良好的生产资源、设计与研发能力、资金支持的中国假发制品行业龙头企业，代表企业为瑞贝卡；以 R 公司、H 公司等企业为代表，集设计、生产、销售于一体，具有良好发展潜力的第二梯队；以及企业规模小、产品种类少，多从事低端发制品生产与销售的第三梯队。对行业竞争对手 X 公司、H 公司和 R 公司进行了分析（见表3-4）。

表3-4　竞争对手分析

类别	企业名称	主要产品	品牌	市场	技术	管理
行业龙头	瑞贝卡	工艺发条、化纤发条、人发假发、化纤假发、教习头、男装发块	民族企业，上市公司，行业著名品牌	着眼中高端产品，受到广泛认可	采用行业先进技术，进行标准化生产	CRM 顾客信息管理系统、RFID 系统、SAP 系统
竞争对手	X 公司	发条、化纤假发、头套、发帘等	行业内有一定品牌价值	凭借稳定和高性价比的产品取得较为突出的业绩	紧跟行业先进技术	CRM 顾客信息管理系统、RFID 系统
	H 公司	头套、发块、发帘、发束等	有一定知名度	产品 95% 以上出口到北美市场	紧跟行业先进技术	CRM 顾客信息管理系统
	R 公司	工艺发帘、工艺发把、男装头套、女装头套、教习头	有一定知名度	销售渠道以线下为主，占比约90%	紧跟行业先进技术	CRM 顾客信息管理系统
瑞贝卡应对措施	六大系列产品	通过产品创新、品牌提升打造知名品牌	国外市场占比80%，国内市场占比约20%	打造行业领先标准	获中国驰名商标、制造业单项冠军、河南省创新龙头企业称号

　　与现有竞争对手相比，公司成立之后，迅速赶超成为行业龙头，形成了行业领先的生产技术能力和规模，并且拥有本土企业独有的营销网络布局及SCS战略竞争力改进与创新系统，保持了远高于行业平均水平的发展速度，成为中国发制品民族品牌。

　　（5）内部环境因素：KSF分析

　　运用关键成功因素KSF分析，与行业主要竞争对手的内部资源和能力进行对比和综合分析（见表3-5）。

表3-5　内部环境因素KSF分析

单位：分

主要方面	关键成功因素	X公司	H公司	R公司	瑞贝卡
领导团队	拥有行业丰富经验的领导和特色的文化	3	3	3	5
	拥有清晰的使命、愿景、核心价值观和战略	4	3	4	4
	倡导快速响应	3	4	4	5
市场地位	强大的销售渠道和供应商队伍	4	3	4	4
	市场细分并精耕细作	3	4	3	5
	与供应商建立长期战略合作	5	4	3	4
	精准的销售政策	4	4	3	5
	快速响应、高效细致的销售服务	5	3	3	5
	全球化覆盖能力	4	4	4	5
品牌影响	良好的品牌美誉度	4	3	3	4
	"时尚"引领品牌定位	4	4	3	4
	工艺创新打造品牌价值	5	3	3	5
技术创新	技术领先，引领行业发展	4	4	4	4
	制定行业标准，确定行业规则	4	4	3	5
	一流的研发人才和研发流程	4	3	4	5
	一流的研发测试设备	4	3	3	4
质量管理	安全可靠的质量保证体系	4	4	3	4
	不断改进的质量文化	4	4	3	4
	先进的质量保证方法和工具	4	4	3	4
	优质的售后服务	3	4	3	5
工厂运营	高质量的强大供应链	5	5	3	5
	合作共赢的供应商系统	4	3	3	4
	精益和数字化制造	4	4	4	4
	对顾客需求快速响应	3	3	4	4

主要方面	关键成功因素	X公司	H公司	R公司	瑞贝卡
设备设施	先进的制造设备确保高质量生产	4	3	4	5
	先进的工艺用于研发改进产品	3	3	4	5
	节能减排、绿色环保的设备符合可持续发展	4	3	4	5
员工培养	一流的人才引进和培养机制	4	3	3	5
	极佳的员工敬业度	4	3	4	4

注：5分制，3分为行业平均水平。

关键优势：公司拥有行业经验丰富的管理团队和快速响应的文化，在市场开拓方面精耕细作，精准营销，有一流的精益生产和标准化制造能力，且盈利能力强。关键劣势：高档发制品竞争力有待加强，由于地域影响，高端人才相对不足。

（6）战略选择：SWOT分析

公司根据外部环境PESTEL分析和波特五力模型，经数据分析、名义群体法打分，提炼出公司6大机会和4大威胁（见表3-6）；根据内部环境KSF分析，得出公司5大优势和3大劣势（见表3-7）。公司战略发展委员会根据公司使命、愿景和"精诚、创新、发展"的企业精神，应用SWOT扩展分析矩阵，经过专题研究和讨论，得出公司发制品未来三年重点关注的7大战略（见图3-4）。

表3-6　外部环境因素分析汇总

类型	外部环境因素	权重	得分（分）	加权得分（分）	说明
机会（O）	国内消费结构持续升级，市场发展空间广阔（O1）	0.20	5	1.00	调整产品结构,产品升级
	国家对实体经济的大力支持（O2）	0.10	5	0.50	激活国内市场
	共建"一带一路"，助推海外市场（O3）	0.05	2	0.10	海外市场覆盖程度低

续表

类型	外部环境因素	权重	得分（分）	加权得分（分）	说明
机会（O）	发制品保有量大,客户对服务要求高(O4)	0.05	3	0.15	服务市场小
	国家倡导两化融合促进企业转型升级(O5)	0.05	3	0.15	积极开展数字化建设
	国家发制品标准逐步趋严(O6)	0.05	5	0.25	有利于淘汰一些落后产能
威胁（T）	产品同质化严重(T1)	0.20	2	0.40	良好定位和应对
	社会对产品品质管理高度关注(T2)	0.10	4	0.40	良好定位和应对
	中高端项目对品牌的要求较高(T3)	0.10	2	0.20	公司全球化程度弱
	国内外政治、经济、社会、法律环境的差异可能带来经营风险(T4)	0.10	1	0.10	优化整合全球资源,合理安排生产布局

注：5分制。

表3-7 内部环境因素分析汇总

类型	内部环境因素	权重	得分（分）	加权得分（分）	说明
优势（S）	快速响应文化(S1)	0.15	5	0.75	快速响应是公司成功的关键
	管理层行业经验丰富(S2)	0.05	4	0.20	专业技术背景、多年行业经验
	精耕细作和精准营销(S3)	0.10	5	0.50	精准的销售政策
	精益和智能制造行业领先(S4)	0.05	3	0.15	许昌市智能制造示范企业
	财务状况优异(S5)	0.15	4	0.60	盈利能力强
劣势（W）	全球化市场布局有待完善(W1)	0.10	1	0.10	市场集中在非洲、欧洲、东南亚
	高档发制品竞争力需加强(W2)	0.05	2	0.10	消费者购买力不断提高
	高端人才相对不足(W3)	0.05	2	0.10	高端人才激活团队活力

注：5分制。

图 3-4 公司 SWOT 分析矩阵

内部环境因素 / 外部环境因素	优势(S) 1. 快速响应文化 2. 管理层行业经验丰富 3. 精耕细作和精准营销 4. 精益和智能制造行业领先 5. 财务状况优异	劣势(W) 1. 全球化市场布局有待提高 2. 高档发制品竞争力需加强 3. 高端人才相对不足	综合考虑优势和劣势 (S+W)
机会(O) 1. 国内消费结构持续升级,市场发展空间广阔 2. 国家对实体经济的大力支持 3. 共建"一带一路",助推海外市场 4. 发制品保有量巨大,客户对服务的要求高 5. 国家倡导两化融合促进企业转型升级 6. 国家发制品标准逐步趋严	SO 战略 (发挥优势,把握机会) (一)提升盈利能力,降低资金成本;提升财务管控和经营分析能力(财务管理战略;S1,S3,O1,O3,O6) (二)发挥国内品牌及研发优势,结合国内假发需求的快速增长,快速提高国内销售量,提升质量管理水平,构筑质量防火墙(全面质量管理战略;S1,S2,S3,S4,S5,O1,O3,O4,O5,O6)	WO 战略 (扭转劣势,把握机会) 压缩库存,增强资产运营效率,进一步提升公司整体盈利能力	(S+W)O 战略 (三)建立健全驻外公司管理体系,发挥海外工厂成本、海外营销及品牌优势,结合黑人人口快速增加带来的消费潜在需求,不断提高海外销售量(规范治理和运营战略,S1,S4,S5,W2,O5) (四)提高人力资源管理水平和能力,培育和吸引核心人才,保障战略发展(人力资源保障战略;S1,S2,S5,W3,O1,O3,O5)
威胁(T) 1. 产品同质化严重 2. 社会对产品品质管理高度关注 3. 中高端项目对品牌的要求较高 4. 国内外政治、经济、社会、法律环境的差异可能带来经营风险	ST 战略 (发挥优势,应对威胁) 发挥公司研发、质量管理及行业标准的优势,逐步拉大与竞品间的差距	WT 战略 (剔除劣势,应对威胁) 不断引入高端人才,提升高档产品的竞争力	(S+W)T 战略
综合考虑机会和威胁(O+T)	S(O+T)战略 (五)工业化、信息化、标准化的发展与融合("三化"转型战略;S1,S4,S5,O5,T1,T2)	W(O+T)战略	(S+W)(O+T)战略 (六)加大研发投入,开发高端产品(产品创新战略;S2,S5,W1,W2,O6,T1,T3) (七)提升污染物排放达标率,积极履行社会责任(社会责任提升战略;S5,W2,O3,O4,O6,T2,T3,T4)

从 SWOT 分析雷达图可看出，公司战略以 SO 战略为主，其他战略为辅（见图 3-5）。

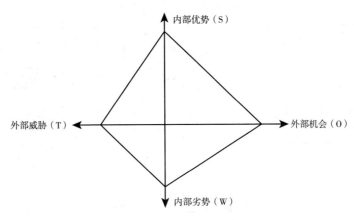

图 3-5　SWOT 分析雷达图

二　战略和目标过程

（一）总体战略和战略目标的建立

1. 总体战略

公司基于使命、愿景和核心价值观，确定了未来三年的总体战略——赋能型战略模型（见图 3-6），即以关键资源为保障，以技术创新为驱动，实现两化融合，提质增效、内外循环、突破创新，通过"一转"（生产基地的转移）、"两突"（突破化纤大辫原丝材料、突破类人发功能性纤维材料）、"三化"（工业化、信息化、标准化）、"四提"（提升人力资源管理、财务管理、质量管理和规范治理及运营水平），促进业务规模的扩展和科研实力的提升，做全球"顶上时尚"引领者。针对公司确定的未来三年七大战略，公司制定了相应的战略措施和战略目标。

2. 战略目标体系

公司愿景是拥有自主知识产权和自主知名品牌，总体目标是成为世

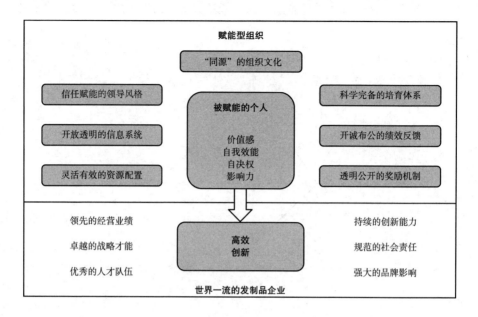

图3-6 公司赋能型战略模型

界一流的发制品企业，完全实现由加工制造型企业向品牌、技术、营销型企业转型升级，成为全球最具影响力的"时尚"品牌运营集团。总体战略目标的实现主要依赖于公司七大战略的实现（见表3-8）。

（二）战略目标对长短期挑战和机遇的应对

公司充分考虑国际形势、宏观经济环境、行业政策、相关行业发展等方面因素的同时，也发挥战略优势、把握行业发展带来的机遇，制定应对策略，促进公司发展。

公司在制定长、短期战略时，均充分考虑顾客、员工、股东、供方和合作伙伴、社会等相关方需求，力争实现与企业各相关方的共赢和共同成长（见表3-9）。

表 3-8 公司战略和战略目标体系及战略责任关联矩阵

总体战略	关键绩效指标 指标名称	单位	指标值 N年	N+1年	N+2年	董事会	国内电商营销	国际电商营销	战略发展委员会	原丝销售	销售管理部	工程工艺研究管理中心	化纤研发部	采购部	统计部	生产实体部	质量管理中心	信息化管理部	人力资源部	总经办	审计部	财务中心
财务管理战略	流动资产周转率	%	48	49	51	☆	☆	☆	☆	☆	☆	☆	☆	☆	☆	☆	☆	☆	☆	☆	★	★
	毛利率	%	32	30	30	☆	★	☆	☆	☆	☆	☆	☆	☆	☆	☆	☆	☆	☆	☆	★	★
	净利率	%	3	3.2	3.5	☆	★	☆	☆	☆	☆	☆	☆	☆	☆	☆	☆	☆	☆	☆	★	★
	出口创汇	亿美元	1.4	1.6	1.9	☆	☆	★	☆	☆	☆	☆	☆	☆	☆	☆	☆	☆	☆	☆	☆	★
全面质量管理战略	国内电商客户净推荐值（NPS）	—	19	22	26	☆	★	☆	☆	☆	☆	☆	☆	☆	☆	☆	☆	☆	☆	☆	☆	☆
	国际电商客户净推荐值（NPS）	—	28	32	35	☆	☆	★	☆	☆	★	☆	☆	☆	☆	☆	☆	☆	☆	☆	☆	☆
	采购质量合格率	%	100	100	100	☆	☆	☆	☆	☆	★	☆	☆	★	☆	☆	★	☆	☆	☆	☆	☆
	自制原丝合格率	%	100	100	100	☆	☆	☆	☆	★	☆	☆	☆	☆	☆	★	★	☆	☆	☆	★	☆
	产品交检合格率	%	100	100	100	☆	☆	☆	☆	☆	☆	☆	☆	☆	☆	☆	★	☆	☆	☆	☆	☆
	产品入库合格率	%	100	100	100	☆	☆	☆	☆	☆	☆	☆	☆	☆	★	☆	★	★	☆	☆	★	☆
"三化"转型战略	研发费用	万元	3800	4200	4600	★	☆	☆	★	☆	☆	☆	★	☆	☆	☆	☆	☆	☆	☆	☆	☆
	全业务信息化系统覆盖率	%	60	62	66	☆	☆	☆	☆	☆	☆	☆	☆	☆	☆	☆	☆	★	☆	☆	★	☆
	信息化投入	万元	300	350	500	☆	☆	☆	★	☆	☆	☆	☆	☆	☆	☆	☆	★	☆	☆	☆	☆

战略关联性（★负责，☆协助）

续表

总体战略	指标名称	单位	N年	N+1年	N+2年	董事会	国内营销电商部	国际营销部	战略发展委员会	原丝销售员会	销售管理部	工程研究研发中心	工艺研发部	化纤研发部	采购部	统计部	生产实体部	质量管理中心	信息化管理部	人力资源部	总经办	审计部	财务中心
规范治理和运营战略	员工培训普及率	%	100	100	100	☆	☆	☆	☆	☆	☆	☆	☆	☆	☆	★	☆	☆	☆	★	☆	☆	☆
	采购准时到货率	%	100	100	100	☆	☆	☆	☆	☆	☆	☆	☆	☆	★	★	☆	☆	☆	☆	☆	☆	☆
	产品准时交付率	%	100	100	100	☆	☆	☆	☆	☆	★	☆	☆	☆	☆	★	☆	☆	☆	☆	☆	☆	☆
	产成品周转天数	天	400	320	360	☆	☆	☆	☆	☆	★	☆	☆	☆	☆	★	☆	☆	☆	☆	☆	☆	☆
人力资源保障战略	员工满意度	分	85.6	85.6	85.6	☆	☆	☆	☆	☆	☆	☆	☆	☆	☆	★	☆	☆	☆	★	☆	☆	☆
	培训计划完成率	%	88	87.8	85.6	☆	☆	☆	☆	☆	☆	☆	☆	☆	☆	★	☆	☆	☆	★	☆	☆	☆
	员工培训满意度	%	100	100	100	☆	☆	☆	☆	☆	☆	☆	☆	☆	☆	★	☆	☆	☆	★	☆	☆	☆
	人均工业产值	万元	21	25	30	☆	☆	☆	☆	☆	☆	★	☆	★	☆	★	☆	☆	☆	★	☆	☆	☆
产品创新战略	高新产品产品销售占比	%	69.72	73.76	70	☆	☆	☆	☆	☆	☆	★	☆	★	☆	☆	☆	☆	☆	☆	☆	☆	☆
	研发投入占销售收入比重	%	3.43	3.56	3.65	☆	☆	☆	☆	☆	☆	★	☆	★	☆	☆	☆	☆	☆	☆	☆	☆	☆
	发明专利数	项	16	16	16	☆	☆	☆	☆	☆	☆	★	☆	★	☆	☆	☆	☆	☆	☆	☆	☆	☆
社会责任提升战略	"三废"排放达标率	%	100	100	100	☆	☆	☆	★	☆	☆	☆	☆	☆	☆	☆	★	☆	☆	☆	☆	☆	☆
	万元产值综合能耗降低率	%	3	5	8	☆	☆	☆	★	☆	☆	☆	☆	☆	☆	☆	★	★	★	☆	☆	☆	☆
	重大安全事故	次	0	0	0	☆	☆	☆	☆	☆	☆	☆	☆	☆	☆	☆	★	☆	☆	☆	☆	☆	☆
	扶贫助困	万元	100	150	200	☆	☆	☆	★	☆	☆	☆	☆	☆	☆	★	☆	☆	☆	★	☆	★	☆
七大战略综合指标	销售收入	亿元	19.19	16.52	15.01	☆	☆	☆	☆	☆	★	☆	☆	☆	☆	☆	☆	☆	☆	☆	☆	★	★
	利润总额	亿元	2.50	1.12	0.80	☆	☆	☆	☆	☆	★	☆	☆	☆	☆	☆	☆	☆	☆	☆	☆	★	★
	纳税总额	亿元	0.99	1.1	1.3	☆	☆	☆	☆	☆	★	☆	☆	☆	☆	☆	☆	☆	☆	☆	☆	★	★
	总资产贡献率	%	2.71	3.40	3.80	☆	☆	☆	☆	☆	★	☆	☆	☆	☆	☆	☆	☆	☆	☆	☆	★	★

关键绩效指标（指标值）　　战略关联性（★负责，☆协助）

表 3-9 战略关键指标考虑相关方需求

相关方	相关方需求	策略和举措	关键指标	主要监控部门
顾客	满足顾客需要的产品，及时交付，完善售后服务	引进 CRM 顾客信息管理系统，提高产品质量和服务，提升顾客满意度和忠诚度	顾客满意度、准时交付率 OTD、品牌价值、产品交付合格率	市场、质量、生产
员工	薪酬福利，工作环境，员工权利，激励，安全	稳步提高员工薪酬，鼓励员工积极参与，提升员工满意度	员工满意度、员工流失率、年人均培训课时、培训指标达成率	人力资源
股东	维护股东权益，确保公司健康稳定成长	扩大市场份额，扩大利润，提升公司竞争力	销售收入、利润总额、总资产贡献率、市场占有率、库存周转天数、预算偏差率、工业总产值、新产品开发数量	财务
供方和合作伙伴	按质按量交付，获取利润	推行供应商健康评估，帮助供应商提升竞争力	供应商准时交付率、供应商 EHS 认证家数	采购
社会	为社会创造价值	安全生产、依法纳税、节能环保、公益支持	公益支持投入、纳税总额、万元产值综合能耗	财务、安全

第二节 战略部署

公司根据赋能型战略及战略目标体系，由各部门负责人制定业务战略、职能战略及年度实施计划，并制定关键绩效指标，采用平衡计分卡方法进行绩效跟踪。

一 实施计划的制定和部署

（一）战略实施计划及 KPI 的制定与部署及战略调整

为了确保战略目标的实现，公司创建公司战略和战略目标体系及战略责任关联矩阵，各业务和职能部门针对"负责"和"协助"的战略措施及目标，制定各自的业务、职能战略和实施计划，包括总体战略、战略措施、关键绩效指标、实施计划和资源需求等（见表 3-10 和表 3-11）。

表3-10　业务和职能战略展开与实施计划（营销中心示例）

总体战略	战略措施	关键绩效指标					实施计划	负责	协助
		指标名称	单位	指标值					
				N年	N+1年	N+2年			
市场拓展战略	国内渠道开拓	国内销售收入	亿元	2	2.6	3.4	1. 评估市场容量,平台项目前期信息推送及加盟商走访计划,增加项目报备覆盖率,提升项目参与度 2. 通过赢失单分析和改进,提高下单成功率 3. 应用CRM系统,促进销售活动可视化 4. 利用BPR系统,对业务流程进行流程再造,实现端到端闭环管理 5. 通过360度全方位服务,提高工作效率,增加顾客满意度 6. 在全国各地设立"发制品生活体验馆",并设立网上"发制品旗舰店"	营销中心	统计部
		直营门店数量	个	77	80	85	依据网格化分析及对标管理,细化市场分割,增加分公司覆盖面	营销中心	统计部
		核心代理商业绩贡献率	%	24	23	25	1. 对代理商进行年度产品、工程培训、政策宣贯,提升代理商黏合度 2. 对代理商公司进行文化、管理输出 3. 持续优化核心代理商激励机制,提升代理商忠诚度 4. 通过对代理商进行满意度调查、分析,寻找业务改进点	营销中心	统计部
		新签代理商业绩贡献率	%	3	—	—		营销中心	统计部
		优质渠道续签率	%	95	100	100			
		一、二线城市及省会城市销售占比	%	31	31	33	针对一、二线城市及省会城市项目,推出特殊项目奖励政策,提高代理商争取项目的积极性	营销中心	统计部
产品创新战略	发展高新产品	高新产品销售占比	%	69.72	73.76	70	1. 制定高新产品生产数量战略指标 2. 加大代理商高新产品销售绩效的激励政策	营销中心	统计部

表3-11 业务和职能战略展开与实施计划（信息化管理部示例）

总体战略	战略措施	关键绩效指标		指标值			提升内容（实施计划）	负责	协助
		指标名称	单位	N年	N+1年	N+2年			
信息化管理战略	打造公司集成化、实现信息化运营平台，实现信息化决策管理，支持业务化的快速发展和全球化拓展	信息化投入	万元	300	350	500	1. 建设企业级信息化协同平台（门户、BPR、ESB、CRM等）2. 全面覆盖企业各业务应用系统（PLM、ERP、CRM、SRM、MES等）	信息化管理部	财务中心、营销中心、采购部、研发中心
		决策信息化水平	分	3	3	4	1. 企业大数据分析平台、商务智能BI 2. 支持公司全面绩效管理 3. 支持公司全面质量管理 4. 支持公司全面预算管理	信息化管理部	财务中心、营销中心、采购部、研发中心、人力资源部
		重大信息安全事故次数	个	0	0	0	采用网络安全技术，确保信息安全及硬件软件配套	信息化管理部	—
产品创新和差异化产品战略	加大技术研发投入，打造量身定制的高端产品	个性化定制响应时间	天	28	21	15	1. 构建和优化产品生命周期管理系统PLM 2. 构建企业级BOM项目	信息化管理部	研发中心
信息化制造战略	以德国工业4.0与中国制造2025为理念，深度运用5G物联网技术，全面升级数字化工厂，实现全面数字化	一键通率	%	50	60	65	1. 业务流程的梳理和优化 2. 优化后的流程在系统中固化	信息化管理部	财务中心、采购部、人力资源部
		生产数据采集率	%	100	100	100	构建和优化生产制造管理系统MES	信息化管理部	生产部门
	实现合同履约数字化，透明化合同在线管理	数字化采购覆盖率	%	50	55	60	构建和优化采购供应链管理系统SRM	信息化管理部	生产部门、采购部
信息化系统扩展战略	提高信息化系统应用覆盖水平	系统推广率	%	85	90	95	推广信息化系统共享平台	信息化管理部	研发中心

公司基于战略制定，运用平衡计分卡方法，描绘公司战略地图（见图3-7），从财务、顾客与市场、内部运营、学习与成长四个维度制定公司平衡计分卡（见表3-12），基于"横向到边、纵向到底"的原则及时间维度，进行层层分解，制定各部门、班组、岗位层级的绩效指标塔，这些指标协调一致，并涵盖所有关键的领域和相关方，用于监测、分析和评价实施计划进展情况，驱动改进与创新。

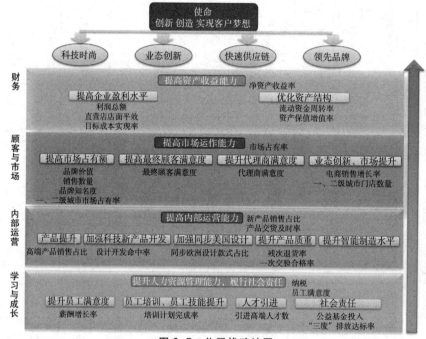

图3-7　公司战略地图

（二）获取和配置资源

公司梳理每个业务和职能战略，要求各部门依据实施计划、关键绩效指标梳理关键岗位、关键人才、基础设施、资金和信息化等方面的新增资源，经人力资源部、财务中心和信息化管理部审定，统一规划到公司未来三年资源配置中，据此制订并实施长短期资源发展计划，定期对公司各种资源的使用状况进行监测与评价，快速调整资源分配，以支撑战略目标的实现。表3-13至表3-16是公司的资源配置计划。

表3-12 公司战略绩效指标预测和目标达成情况

类别	指标名称	单位	X年 预测	X年 实际	X年 达成	X+1年 预测	X+1年 实际	X+1年 达成	X+2年 预测	X+2年 实际	X+2年 达成	X+3年 预测	X+4年 预测	X+5年 预测
财务	流动资金周转率	%	40.89	40.32		40.50	33.67		47.30	46.54		48	49	51
	资产保值增值率	%	105	100.3		103	96.70		108	100.60		110	120	135
	销售收入	亿元	19.19	18.19		16.52	13.29		15.01	15.66		17.19	18.29	19.66
	利润总额	亿元	2.50	2.12		1.12	0.38		0.80	0.60		2.37	2.4	2.5
	目标成本实现率	%	98	94.89		90	83.57	▲	98	105.69	▲	99	99	99
顾客与市场	国内市场占有率	%	50	48	▲	45	45	▲	45	43	▲	50	52	55
	国际市场占有率	%	5	6	▲	5	5	▲	5	5.5	▲	5	5.5	6
	销售数量	万件	4000	4473.5	▲	3500	3037.7		3500	3205.8		3500	3800	4000
	国内顾客满意度	分	90	91	▲	91	91.8	▲	92	92.7	▲	93	95	96
	国际顾客满意度	分	90	93.78	▲	92	91.4		92	92		93	95	97
	门店数量	家	180	199	▲	200	197		200	194		200	200	200
	电商销售增长率	%	500	400		70	75	▲	50	50	▲	60	70	80
内部运营	研发投入占总销售收入比重	%	3.43	3.61	▲	3.56	4.61	▲	3.65	3.74	▲	4.61	3.74	3.6
	高端产品销售占比	%	20	19.4		25	24.1	▲	25	27.1	▲	69.72	73.76	70
	发明专利数	项	16	16	▲	16	16	▲	16	16		16	17	17
	产品交货及时率	%	100	95		100	75		100	97		100	100	100
	新产品销售占比	%	30	59.74	▲	35	65.11	▲	46	66.72	▲	46	48	50
	残次退货率	%	0	0	▲	0	0	▲	0	0	▲	0	0	0
	产成品周转天数	天	400	453		320	549		360	373	▲	340	310	260
	准时交付率（OTD）	%	95	94		95	95	▲	95	95	▲	100	100	100
	一次交验合格率	%	98.5	99.95	▲	98.5	99.93	▲	98.5	99.92	▲	100	100	100

续表

类别	指标名称	单位	X年			X+1年			X+2年			X+3年	X+4年	X+5年
			预测	实际	达成	预测	实际	达成	预测	实际	达成	预测	预测	预测
学习与成长	员工满意度	分	85.6	87.7	▲	85.6	88.0	▲	85.6	87.8	▲	88	87.8	88
	薪酬增长率	%	5	6.03	▲	5	6	▲	5	5.6	▲	5	5	5
	培训计划完成率	%	100	100	▲	100	100	▲	100	100	▲	100	100	100
	引进高端人才数	人	2	2	▲	3	2	▲	4	4	▲	10	12	22
	"三废"排放达标率	%	100	100	▲	100	100	▲	100	100	▲	100	100	100
	公益基金投入	万元	91	188	▲	90	180	▲	100	229	▲	100	150	200

注：▲代表年度目标完成。

表 3-13　人力资源总体需求和配置计划

单位：人

类型	N 年	N+1 年	N+2 年	配置方式
操作工	894	541	543	线上招聘网站、线下招聘会、内部推荐
销售人员	76	117	68	线上招聘网站、线下招聘会、校园招聘会、猎头、内部推荐
管理人员	30	61	22	线上招聘网站、线下招聘会、校园招聘会、猎头、内部推荐
研发人员	13	22	15	线上招聘网站、线下招聘会、校园招聘会、内部推荐
总计	1013	741	648	线上招聘网站、线下招聘会、校园招聘会、猎头

注：线上招聘网站包括前程无忧网、58 同城、FESCO 外企德科、锐仕方达、猎聘网、51job、中华英才网、人才网、BOSS 直聘、领英（Linked In）。

表 3-14　关键人才需求和配置计划

单位：人

类型	战略所需关键人才	N 年	N+1 年	N+2 年	配置方式
中层类高级管理人员	高级电商运营经理，高级人力、财务经理，生产计划、仓储、质量工业化经理等	12	14	20	猎头、中高端招聘网站等
营销运营类人员	海外线下销售、电商运营、抖音运营主播、品牌策划、美工设计等	74	114	62	线上招聘网站、线下招聘会、校园招聘会、内部推荐
研发类人员	工艺研发、商标设计、研发助理、染色工程师、外派研发设计等	13	22	15	线上招聘网站、线下招聘会、校园招聘会、内部推荐
后勤类支持人员	财务会计、文案、行政接待、统计等	13	27	8	线上招聘网站、线下招聘会、校园招聘会、内部推荐
生产制造类人员	高级操作工、领发货、质检员等	18	33	10	线上招聘网站、线下招聘会、校园招聘会、内部推荐

注：线上招聘网站包括前程无忧网、58 同城、FESCO 外企德科、锐仕方达、猎聘网、51job、中华英才网、人才网、BOSS 直聘、领英（Linked In）。

表 3-15 信息化需求配置计划

类型	配置目标	N 年	N+1 年	N+2 年	配置方式
硬件	服务器(台)	1	3	2	自主配置
	大屏幕(块)	0	0	10	
	交换机(个)	5	5	10	
	无线设备(个)	0	0	15	
软件	SAP(万元)	40	30	30	与第三方合作,自主开发
	OA 协同(万元)	—	75	—	
	SPM(万元)	—	30	20	
	MES(万元)	—	—	100	
	合计(万元)	40	135	150	

表 3-16 基础设施需求配置计划

类型	配置目标	N 年	N+1 年	N+2 年	配置方式
设施	海外工厂配套设施(套)	4	6	10	自主配置
	技能大师工作室(家)	2	3	5	
	可靠性实验室(家)	2	4	5	
设备	RVE 生产线(条)	3	4	4	自主配置
	REF 生产线(条)	2	2	3	
	自动加捻机(台)	30	35	45	外部合作
	数控捻线机(台)	5	8	12	
	N 机生产线(条)	3	5	8	

二 绩效预测

(一)绩效预测

公司采用时间序列单指数法及二次指数平滑、S 曲线趋势模拟、指数平滑法等工具,考虑内外部环境变化及最近几年公司战略的执行结果,进行公司未来绩效预测,并基于预测值确定目标值,通过赋能型战略实现所预测的绩效。

（二）公司预测绩效与竞争对手预测绩效的对比

公司基于对公司内外部环境的分析，主要通过公司内部历年的绩效数据、专业分析数据、行业协会数据、顾客消费数据等信息资源，运用时间序列预测等模型进行分析和比对，确定公司和竞争对手的绩效预测及对比（见表3-17），洞察未来的竞争态势。同时，通过职能战略和实施计划的落实，保证公司预测绩效的实现，为公司各层面的决策以及战略和战略目标制定提供强有力的支持，应对与竞争对手和标杆企业的绩效差距。

表 3-17　公司和竞争对手的绩效预测及对比

公司	指标	X 年（完成值）	X+1 年（完成值）	X+2 年（完成值）	X+3 年（预测值）	X+4 年（预测值）	X+5 年（预测值）
瑞贝卡	成品销售数量（万件）	4473.50	3037.73	3205.84	3500.00	3800.00	4000.00
	销售收入（亿元）	18.19	13.29	15.66	17.19	18.29	19.66
	利润总额（亿元）	2.21	0.38	0.60	2.37	2.4	2.5
	员工满意度（分）	87.7	88.0	87.8	88.0	87.5	88.0
	市场占有率（%）	5.5	5.3	5.4	5.4	5.5	5.8
X 公司	成品销售数量（万件）	1118.38	759.43	801.46	875.00	950.00	1000.00
	销售收入（亿元）	11.10	8.19	10.07	11.05	11.76	11.89
	利润总额（亿元）	1.35	0.23	0.39	1.32	1.40	1.45
	员工满意度（分）	83.0	83.0	85.0	86.0	87.0	88.0
	市场占有率（%）	1.38	1.33	1.35	1.32	1.38	1.45
H 公司	成品销售数量（万件）	559.19	379.72	400.73	437.50	475.00	500.00
	销售收入（亿元）	2.27	1.66	1.96	2.15	2.29	2.46
	利润总额（亿元）	0.30	0.05	0.08	0.30	0.30	0.32
	员工满意度（分）	84.0	83.5	84.5	85.0	86.0	87.0
	市场占有率（%）	0.69	0.67	0.67	0.68	0.69	0.72
R 公司	成品销售数量（万件）	279.59	189.86	200.37	218.75	237.50	250.00
	销售收入（亿元）	1.14	0.83	0.98	1.01	1.15	1.23
	利润总额（亿元）	0.15	0.02	0.04	0.15	0.15	0.16
	员工满意度（分）	82.0	82.5	83.0	83.5	84.0	85.0
	市场占有率（%）	0.35	0.34	0.34	0.34	0.35	0.38

第四章
顾客与市场：精益布局与精耕细作

公司根据市场调研、顾客反馈等多方面收集的市场信息和顾客信息，确定了清晰、准确的顾客群体和细分市场。对于不同的细分市场和顾客群体，公司也制定了差异化、个性化的战略和服务。提供国内国外、线上线下多渠道的营销来满足不同顾客的购买需求，通过社群营销以及体验营销的方式维系国内顾客，利用顾客管理系统维护与海外经销商、代理商之间的关系。坚持以市场为中心、以顾客为导向、以潮流为趋势，设计出更多符合市场需求的产品。同时也积极地发掘潜在顾客，以期进一步提升市场占有率。

公司开展了分层分类的顾客满意度测量、分析和改进，建立了与销售渠道相匹配的顾客反馈渠道，对于顾客的意见与建议进行有流程的逐级沟通，以满足顾客的需求为目标，持续提高品牌口碑和顾客忠诚度。公司已经成功地与多位经销商建立了长达二十余年的合作关系，累计生产了上万种产品以满足顾客的多样化需求。

第一节 顾客与市场的精准分析

公司通过全面的市场调查和分析，了解顾客与市场的需求、期望以及偏好，引领潮流的发展趋势。以此确定目标市场以及目标顾客群体，对细分市场和目标顾客的信息加以总结，作为营销策略的形成依据，以此与现有的营销策略进行战略化协同，使其可以更好地适应市场需求。公司已经形成了一套相对成熟的营销策略制定体系（见图4-1）。

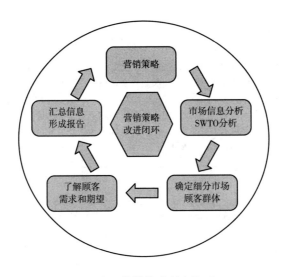

图 4-1　营销策略制定体系

一　顾客和市场的细分

（一）市场细分和顾客、顾客群的识别及确定

1. 市场细分

公司收集国内国外市场和线上线下销售渠道的年销售量、需求量、行业地位、发展态势、市场及竞争对手等信息，进行汇总、分析，依据 STP 理论，对市场进行细分，掌握细分市场的顾客需求和市场特征，确定目标顾客群，捕捉和挖掘顾客需求，进行有效的市场定位。

公司产品主要销往北美、非洲、欧洲以及亚洲等地区，业务遍及全球，基本形成了研、产、销、供的全球化产业链布局。由于各地区经营模式、市场需求以及特点不同，因此按照不同的方式进行市场细分。

（1）按照地理区域划分（见表4-1）。

表 4-1　地理区域细分市场

区域		市场特点	营销策略	市场份额（%）
国外市场	非洲市场	◇黑色人种的毛发特点和审美观决定了假发的定位是日常消耗品 ◇非洲市场消费水平低，但消费层次多样 ◇非洲轻工业水平低，无法满足自身的假发需求 ◇非洲市场容量大、增速快，且未来伴随全球经济复苏和消费结构的改善，市场容量和消费水平都将有进一步提升	公司通过经销商，以点带面地将自主品牌深入渗透到各地消费市场。销售的主要产品是中低端的化纤发、少量的混合发及人发	17
	欧洲市场	◇发制品行业发源地，行业历史悠久，市场成熟度比较高，消费群体较稳定 ◇假发产品以白人产品为主，黑人产品占比逐渐增大 ◇对于产品的质量和逼真度要求高	利用经销商的渠道优势，与其建立战略合作伙伴关系，实现资源共享，共同发展；在英国建立了自己的销售公司，公司销售的主要产品是中高端的混合发和人发	9
	美洲市场	◇世界上最大的发制品消费市场，约占全球假发市场的1/3 ◇需求多样化，覆盖各个层次的假发产品	以 OEM 为主，公司通过经销售各类产品	63
	亚洲市场	◇理容市场中毛发业市场规模大，约612.3亿元人民币 ◇毛发业女性市场规模增速快 ◇日、韩作为主要市场，购买力强	利用经销商和电商平台的渠道优势打开市场进行销售	1
国内市场		◇目前市场规模较小，但增速快，未来市场容量大 ◇对于产品的质量和逼真度要求高	在国内采取线上线下相结合的销售模式，销售自主品牌的中高端产品，力求提升产品知名度，培养用户基础	10

（2）按照销售渠道划分（见表4-2）。

表 4-2　销售渠道细分市场

销售渠道	市场特点	营销策略
线下直销	◇作为体验感极强的假发产品，开设线下门店可以尽可能地展示产品优点，提供定制化服务、线下售后服务 ◇开设品牌门店可以通过统一风格的装潢和优质的服务提升品牌知名度，开拓市场	采取国内专卖连锁的营销方式，分为加盟店和直营店，店面开设在一、二线城市及经济发达地级市的大型商超，以此提升品牌知名度
电子商务销售	◇对于较为成熟的海外市场，电子商务销售可以在短时间内促成交易，节省人工成本 ◇电子商务销售可以通过数据更快地获得消费者的信息，准确刻画用户画像	在国内外的 B2B、B2C 平台开设品牌店进行销售 B2C：天猫、京东、亚马逊、速卖通 B2B：阿里巴巴、自建站
经销商销售	◇对于不熟悉的海外市场，可以省去品牌推广的步骤，节省成本 ◇经销商的渠道优势和公司稳定大量的产能相结合，形成优势互补	经销商销售模式主要运用在海外市场，利用经销商的渠道优势，与其建立战略合作伙伴关系，实现资源共享、共同发展

（3）按照品牌定位划分（见表 4-3）。

表 4-3　品牌定位细分市场

品牌定位	市场特点	营销策略
高端品牌	◇以高端人发和高端混合发为主，逼真度高，质量高，定位为轻奢产品。 ◇市场占比较小，主要市场是国内市场和欧美市场	采用双品牌战略，Rebecca 是国内市场人发及化纤发品牌，Rebecca Youth 是国内电商品牌
中端品牌	◇由中端人发和化纤发构成，性价比比较高 ◇主要市场是美洲市场	BLACK PEARL、JODIER 是中高端人发品牌，Sleek 是中端人发及化纤品牌
低端品牌	◇以化纤发为主，定位为日常消耗品 ◇市场占比大，主要销往非洲市场	NOBLE、MAGIC 是中低端化纤品牌

　　由于黑人头发短且发质卷曲，难以梳理成型，所以黑人是国际市场上假发产品的主要消费群体。尤其是在欧美，发制品已成为黑人女性不可或缺的

妆饰必需品。

伴随世界经济的发展和文化交流的加深，全球市场对发制品的需求量逐年增长。通过对市场的调研分析，发制品消费区域主要集中在美国、欧洲和非洲等地，市场潜力巨大。欧美以价值偏高的人发制品为主，非洲以价值较低的黑人化纤发制品和低货值人发为主；同时，在亚洲，发制品也逐步成为时尚消费品。对此，公司制定了稳定北美市场、进一步开发欧洲和非洲市场、大力拓展国内中高端假发市场、扩大自主品牌销售区域和提升自主品牌形象的市场开发战略目标，做到"一升一沉"，提升非洲市场的产品定位，增加中高端产品的销售占比，把握国内的下沉市场，将假发产品的定位延伸到日常消耗品。

在品牌战略上，在不同市场上采取不同的混合结构，以此来完善产品结构，做到高中低端产品一应俱全，满足市场的多样化需求。

2. 顾客群的识别

根据前文提到的细分市场中所体现的假发市场具有市场范围广、顾客需求多样性的特点，面对细分市场里的不同顾客群体，公司采用了多品牌战略，将不同目标顾客群体与品牌一一对应（见表4-4）；产品也是对顾客群进行分类的一个标准（见表4-5）；由于不同顾客群的需求不同，因此需求也作为顾客群识别的一个标准（见表4-6）。

表4-4 品牌目标顾客群

品牌	品牌介绍	品牌调性	主要产品	目标顾客群
Rebecca	国内线下销售的品牌	高级、尊贵、致雅、经典的发型设计	高端人发和化纤产品	时尚、独立、购买能力强的都市女性，主要年龄段在35~45岁；以及有特殊需求的男性
Rebecca Younth	国内电商品牌	高级、自由、艺术、小众、注重品牌文化	高端人发和化纤产品	乐于尝试新概念的年轻女性，年龄为25~35岁

品牌	品牌介绍	品牌调性	主要产品	目标顾客群
Sleek	诞生于英国伦敦，2010 年登陆中国市场	以实现女性追求完美的梦想为使命，整体风格更趋近潮流，奔放，设计大胆	中高端人发和化纤产品	潮流观点前卫的女性
JOEDIR BLACK PEARL STYLE ICON	分别是公司在西非、南非、东非地区为追求高品质生活女性推出的人发品牌	高端、多样化、舒适	高端人发产品	购买力强，追求质量和逼真度的非洲顾客
NOBLE MAGIC FASHION IDOL	公司在非洲地区推出的大众化纤品牌	时尚、多变、潮流、平价	中低端化纤产品	购买力较弱、对假发产品有刚需的非洲顾客

表 4-5　产品目标顾客群体

产品类型	产品	顾客群	顾客层次
人发类	高档顺发发条	黑人女性	高收入人群
	高档人发发套	黑人女性	高收入人群
	普通人发发条	时尚女性	中等收入人群
	普通人发发套	时尚女性	中等收入人群
化纤类	中高端化纤发条	北美、欧洲地区黑人女性	中等收入人群
	低端化纤发条	非洲地区黑人女性	低收入人群
	化纤头套	时尚女性	中等收入人群
大辫类	大辫假发	非洲地区黑人女性	低收入人群
特殊用途	教习头	美发技能学习者	有特殊需求的顾客
	发块	病理或生理需求者	有特殊需求的顾客

表 4-6　需求类型顾客群体

顾客群体	使用原因	需求类型
黑人群体	由于生理特征,黑人头发短且发质卷,难以梳理	刚性需求
时尚前卫群体	追求时尚、潮流	时尚消费
生理缺陷群体	少发、脱发、缺发、白发	特殊消费
特殊行业群体	行业需求,例如律师、演员、模特	
美发从业者	学习美发	

针对不同需求的顾客群体，推出不同品牌予以满足。这样不仅更利于把控目标顾客群体，也有利于清晰品牌定位。

（二）考虑竞争对手顾客及其他潜在顾客

公司重视对于竞争对手信息的收集，由各个营销部门组织，对各自销售渠道、销售范围内的竞争对手，通过竞争对手网站、年报、电商平台等多种途径，持续了解、跟踪和收集竞品的信息和竞争企业的动态，通过营销部门的整合、分析，将其结果与公司内部各部门分享，为公司营销策略以及产品研发提供输入和调整依据（见表4-7）。同时对竞争对手的顾客进行深入分析，分析其顾客与公司营销和服务策略的一致性，基于竞争对手顾客的需求和期望、公司现状，确定应对策略，以期将竞争对手的顾客转换为公司的顾客（见表4-8）。同时对其他尚未被市场发掘的潜在顾客的需求进行分析，寻找潜在顾客的痛点，以此弥补市场空白。努力将竞争对手目标顾客以及其他潜在顾客转化为公司的顾客，以此来开拓市场。

表4-7　竞争对手信息来源

信息来源类型	具体情况
年报	通过企业年报收集竞争对手销售业绩、营业利润、企业发展规划等信息
互联网和社会媒体	通过互联网和新闻等社会媒体资源，收集竞争对手战略信息、项目信息、重大事件
销售人员反馈	通过公司销售人员、代理商反馈的竞争对手信息，可以了解到竞争对手的市场销售情况
经销商反馈	通过经销商的反馈，可以了解到竞争对手产品的优劣
购买顾客反馈	通过顾客的回访，能够了解到竞品的价格、优势、劣势
展会	通过展会收集竞争对手产品特点、优势等信息
样本	通过收集到的样本了解竞争对手的产品质量、原材料和零售价格
行业协会	行业协会上的交流可以粗略了解竞争对手产品的分类

表4-8　竞争对手目标顾客群体

品牌	主要产品	目标顾客群体	经营现状
七街皇后	半头套假发 马尾配件 空气刘海头套	追求性价比、对假发接触不多的顾客	交易指数较高，客单价低，追求时下流行款

续表

品牌	主要产品	目标顾客群体	经营现状
英琪假发	蕾丝全头套大面积补发片	30~50 岁拥有一定消费能力的女性	销量高，客单价在 3000 元左右，以直发片产品为主，通过社交媒体引流，销量较好
佰美坊	空气刘海马尾配件BOBO 型假发	追求性价比、对当下流行发型有追求的年轻女性	销量高，客单价在百元以内，以潮流和经典款相结合带动销量
千姬	递针刘海片整顶头套	功能性缺发补发人群、追求时尚的 30~50 岁女性	销量高，客单价在 1000 元左右，主营整顶假发
天空树	假发片刘海片	功能性缺发补发人群、25~40 岁女性	近两年销量较好，客单价在 100~600 元
X-PRESSION	大辫产品	对大辫发型情有独钟的女性	辫子类产品占整体市场份额的 70%，年销售额达 3000 万美元

市场上其他潜在顾客有以下几种。

（1）脱发、缺发、少发的男性群体。目前市场上假发产品的消费者80%为女性，但该细分市场上产品繁多，竞争激烈且成本较高，而针对男性的产品较少。

（2）脱发、缺发、少发的年轻群体。随着年轻脱发群体的增加，越来越多的年轻人会选择假发产品作为日常用品。而且年轻群体对于染发、烫发的安全性关注度越来越高，未来也可能选择假发来替代烫染。

（3）有特殊需求的顾客群体。例如特种行业的从业者（律师、演员）、时尚追求者、角色扮演爱好者等。

（4）追求性价比、更换频率较高的顾客。当下，时尚潮流的流行周期越来越短，随着娱乐话题的发酵和渐渐淡出，假发未来也许会成为一种快消时尚单品。

二 顾客需求和期望的了解

（一）采用不同方法，有针对性地了解顾客需求和期望

公司始终坚持以市场为导向。除了利用走访、座谈会、调查表、展销会等传统形式了解顾客需求外，还在电商部设立专职客服人员，对售前售后的平台信息进行收集与管理，及时获取顾客需求（见表 4-9）。

·81·

表 4-9 顾客需求与期望一览表

方法	项目	对象	内容	负责部门	频次
销售终端信息收集	产品信息	间接顾客	款式、舒适度、价格、质量、时尚性等	研发中心、营销中心	月度
	服务创新		服务满意度	客户服务部	月度
	顾客信息		顾客特征、购买频次、购买原因	营销中心	月度
	销售信息	直接顾客	产品销量、品类、市场趋势	营销中心	月度
专题市场调研	高层调研	直接顾客	传递政策、交流经验、市场走访等	公司高层	半年
	市场调研	所有顾客	销售趋势、市场动态	拓展部	季度
	调研公司		消费者研究、市场竞争对手研究、行业研究等	营销中心	年度
	区域调研		消费者研究、市场走访	拓展部	季度
产品分析会	新品信息	直接顾客	销售预估、产品趋势	新产品开发、营销中心	季度
	时尚趋势		流行搭配、时尚元素、产品设计等	研发中心、营销中心	季度
	销售分析		销售数据、市场容量等	营销中心	季度
	顾客需求	所有顾客	顾客需求与期望	营销中心、客户服务部	季度
座谈会	市场专题会	所有顾客	信息捕捉、市场动态分析、市场行为评估等	营销中心	季度
	经销商会议	间接顾客	传达政策、沟通交流、解决问题、合理化建议	营销中心、客户服务部	季度
	订货会	直接顾客	推广产品、交流经验、确定订单	营销中心	季度
	年度营销会议		研讨部署营销工作、总结表彰、确定来年计划	高层领导、营销中心	年度
网站、电话调查	顾客建议与投诉	所有顾客	质量、款式、服务、价格、舒适度等	质量管理中心、客户服务部	不定期
顾客满意度调查	终端顾客满意度测量	直接顾客	终端顾客满意度	客户服务部、专业调查公司	半年度
	经销商顾客满意度测量	间接顾客	经销商顾客满意度	客户服务部、专业调查公司	半年度

（二）顾客信息的分析及应用

公司引进了 CRM 顾客信息管理系统，通过 CRM 系统建立顾客档案、储备和开发顾客资源。通过 CRM 系统中的顾客信息管理功能，规范管理顾客信息，以便维护、分析和拓展渠道市场（见图 4-2）。

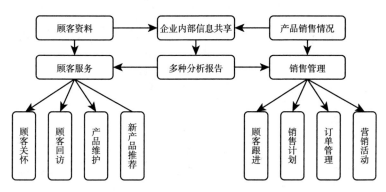

图 4-2 CRM 顾客信息管理系统

公司一贯强调"企业要不断创造和满足消费者的新需求"。消费者的需求是随着时间和潮流的变化而不断变化的，因此公司要想时刻把握住市场的脉搏就必须建立动态的顾客信息管理平台（见图 4-3）。分析来自销售一线的大量统计数据和其他途径得到的顾客信息，并将其输入动态信息管理平台，平台可以将所有信息整合输出至产品、服务、市场等方面。这些信息可以用于产品改进（优化老产品、开发新产品）和内部的流程改善，以及市场营销策略的优化和市场范围的拓展，一些典型的具体案例见表 4-10。

表 4-10 顾客信息应用一览

顾客类型	信息内容	信息来源	输出	信息应用	应用效果
OEM 顾客	手感干燥、粗糙	代理商反馈	质量管理中心	从调整原丝配比、定型温度、手感药水等方面进行手感试验和研究，从而改善手感	产品质量满意度明显提升

顾客类型	信息内容	信息来源	输出	信息应用	应用效果
OEM 顾客	头套产品生产周期较长	顾客满意度调查分析会	生产管理部	提前1~2月提供下月发货计划,扩大手织产能,严格把控手织交货期	提前制订生产计划后,供货不足的情况基本解决
	很多款式过时、不太适合欧洲市场	产品分析会	研发管理部门	准确理解顾客对新产品的要求,对于大的新产品合作项目,形成项目小组,专人负责,提高样品一次性确认率,缩短样品确认周期	新产品更贴合市场潮流,缩短研发周期
国内电商顾客	顾客购买的产品,自己未清洗过,售后反馈产品脱发掉发(顾客3款替换佩戴)	电商售后	国内电商部国内生产部	提高产品质量,把控产品形态;对在库产品进行排查返修	后续对于产品脱发的质量投诉减少
	发货数量、款式不对	电商售后	电商仓库	提高拣选效率,包装前再三核对货物信息和订单信息一致性	错误发货问题减少
	产品造型设计不满足顾客需求	成交电话回访	研发管理部门	记录顾客提及最多的需求特点,考虑设计研发新产品	根据顾客的需求设计了许多新产品和提供个性化定制
国内线下顾客	出现打结、毛燥的现象	社交平台反馈	线下门店	线下门店提供售后服务	产品质量打分提高,质量相关的投诉减少
	线下门店店员态度不端正	门店反馈	线下门店	对门店人员以及其他营销部门售后人员进行话术培训	服务满意率提高,服务类投诉减少
	如何进行日常维护	门店反馈	线下门店	提供洗护服务和洗护指导手册	售后满意率提高
	希望多研发老年人产品	400客服中心	研发管理部门	针对老年人的服饰搭配和出席重要场合佩戴假发的需求,推出了短发外卷等样式	老年人产品销量增高

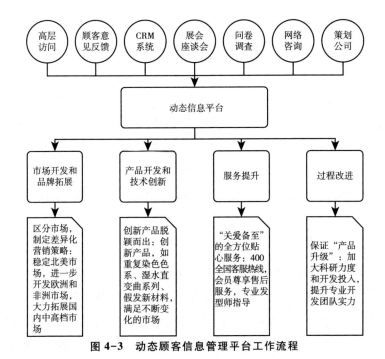

图 4-3　动态顾客信息管理平台工作流程

（三）不断改进了解顾客需求的方法

公司采用每年一度的管理评审、内部审核和营销专业会等形式，参照顾客满意度调查信息，定期对了解顾客需求与期望方法的具体内容、实施过程、效果验证等方面进行评价分析，通过卓越绩效自评对现有方法进行评审，并对这些方法的适宜性、有效性、可靠性进行评估，有针对性地制定改进措施，以丰富和改进满足、超越顾客需求和期望的方法，不断提升顾客满意度，促进战略协同（见表 4-11）。

表 4-11　了解顾客需求方法的改进

改进内容	2019 年	2020 年	2021 年	改进效果
了解方式的增多	◇顾客 Email 往来 ◇Kakao Talk 或者 Wechat 等在线聊天工具	◇新增驻美国销售公司 RBF 等 ◇参加国内发制品博览会	◇Amzon，Instagram，YouTube 等网站 ◇与核心顾客开视频会议	◇了解核心顾客在市场上销量占比情况，以此判断瑞贝卡在顾客供应商中的地位 ◇更直观、全面地了解顾客对近期产品质量方面的意见，有针对性地改进

第二节　顾客关系和顾客满意

本着"创新、创造、实现客户梦想"的使命以及"竭尽全力、创造满意"的服务理念，《顾客关系维护办法》成为公司维护顾客关系的基本框架和具体指导，公司据此采取一系列维持好顾客关系的做法，在维系老顾客的前提下，吸引潜在顾客，开拓新的商机。与此同时，公司制订的《顾客满意度测量管理程序》为公司各部门测定顾客满意度提供了标准化指导。

一　顾客关系的建立

（一）建立差异化和不断提升的顾客关系

公司通过"服务理念感悟+服务心态塑造+服务技巧提升"，从思想上、情感上、文化上维护顾客对于瑞贝卡的认同感和信任感，提高顾客满意度和忠诚度。在顾客关系上，公司对于不同顾客采取差异化服务，以此达到最好的效果。

公司产品在国际市场上的营销以"制造商—经销商—消费者"的模式为主，经销商是公司在国际市场上的主要顾客群和服务对象。公司开展分级管理，建立经销商服务系统（见表4-12）。

表 4-12　国际经销商差异化服务

国际经销商分类	新产品开发	技术服务	价格	合作交流	服务
A 类客户	优先推荐公司自主研发的新产品项目，并根据客户要求给予保护和专供	互派技术人员	根据合作项目给予最大的优惠支持	高层互访，签订《独家供货协议》	客户经理一对一维护
B 类客户	可适当推荐公司自主研发产品，优先权次于A类客户	随时开展	给予一定的支持	高层互访	客户经理一对多维护
C 类客户	以画册形式推荐新产品，根据客户需求推荐相应产品		按常规毛利进行正常报价	顾客来访	

国内市场采取特许经营的管理模式，建立顾客关系。公司制定了《加盟商管理办法》、《加盟商培训手册》和《店面规范化管理手册》，为加盟商提供周到的服务，对加盟商资质认定、选址标准、加盟基本要项、加盟流程等做出明确细节规定，从而保证了加盟商质量（见表4-13）。

表4-13 国内加盟商差异化服务

国内加盟商分类	技术服务	年终反馈分类	服务
A 类客户	派驻技术人员	按月度综合考评平均分 80 以上者、月度综合考评平均分 85 以上者、月度综合考评平均分 90 以上者、月度综合考评平均分 95 以上者，制定差别化年终反馈标准	随时订货，额度不限，灵活退货，完全回收；帮助加盟商进行进驻商场的谈判；指导加盟商合理订货；提供品牌文化、专业销售技巧、技术工艺等培训
B 类客户	随时开展		
C 类客户	随时开展		

专卖店及电商建立顾客档案，详细记载顾客消费资料，如购买、评价、推荐等情况，不断对顾客需求进行分析，提升顾客满意度。对于购买达到一定额度、多次重复购买的忠诚顾客，实行积分奖励计划，提供优惠活动（见表4-14）。线下门店会在节假日以及特殊节日举办下午茶活动，根据活动主题布置门店，邀约老顾客参与。公司会邀请核心顾客参加新趋势发布会进行沟通，从而了解顾客需求。

表4-14 国内消费者服务分类

标准化服务	特色服务
◇新品上市和促销信息快报 ◇时尚信息电子会刊 ◇生日礼物	◇同城客户，送货上门 ◇客户经理一对一服务，造型师专业形象设计 ◇会员活动，例如时尚酒会、健康或时尚讲座

（二）明确顾客接触渠道及要求，提升接触服务水平

公司多年来致力于为顾客提供便捷畅通的信息查询系统，公司确立了面谈、走访、座谈会、调查表、查阅资料、参加各种产品交流会等多种信息收集形式。不仅从高层领导、营销人员、驻外业务人员层面了解市场和顾客，还从产品研发人员角度了解消费者的要求和期望。

公司对不同市场采取不同的了解方法，在全面了解顾客需求和期望的基础上，定期由市场营销人员和研发人员等分别进行整合分析，识别影响顾客购买决定的重要因素，根据顾客的要求和期望采取产品和服务改进措施，不断提高顾客的信任感和忠诚度，信息查询方式见表4-15。

表 4-15　顾客查询信息方式及内容

顾客可查询到的信息	信息查询接触方式						
	面谈	互联网	电话	邮件	宣传画册	《瑞贝卡人》	订货会
企业资质级荣誉	☆	★	★		★	★	☆
企业文化	☆	★	★		★	★	☆
产品特点和类别	☆	★	★	☆	★		☆
产品价格	☆		★	☆			☆
当日生产情况	☆		★				
当日发货情况	☆		★	☆			
顾客意见	☆	★	★				☆
营销网络	☆	★	★	☆	★		☆
企业活动	☆	★	★	☆	★	★	☆
流行趋势	☆	★	★		★	★	☆

注：★标记为每日24小时可查询，☆标记为工作日可查询。

公司在针对经销商和加盟商来访的接待服务方面特色明显，建立了清晰的流程和服务标准，根据顾客重要程度，从接待领导、陪同规格、车辆安排、用餐安排、住宿安排和会议室安排等方面建立了差异化的接待体系。

（三）建立顾客反馈处理流程，确保及时有效解决并驱动改进

1. 顾客反馈处理流程

公司建立了《客户信息反馈管理办法》，在营销部门接到顾客意见的第一时间将信息传达至质量管理、研发等相关部门，并及时向顾客反馈信息受理情况。营销部门每月定期召开由质量管理部门、各生产部门和研发部门参加的顾客产品意见分析会，对顾客反馈信息进行整理和分析，找出企业出现的问题，制定改进措施，不断提高产品和服务质量，保证顾客信息"当天接收、当天反馈"（见图4-4）。

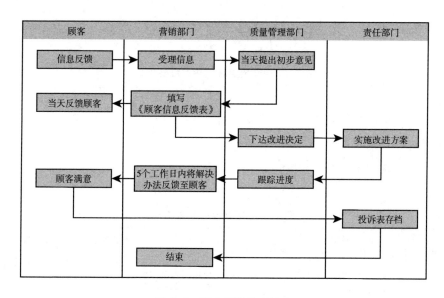

图4-4　顾客反馈处理流程

公司的400全国客服热线是顾客反馈信息的主要途径，因此对于400全国客服热线的接听和顾客反映信息的服务流程，公司也做了标准化、流程化的指导（见图4-5）。

针对顾客反馈信息的具体内容，各部门还做出了相对应的解决方法和规范性流程，例如针对国内顾客售后维修方面的意见，公司推出了销售维修问

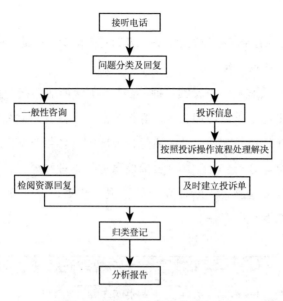

图 4-5　400 全国客服热线服务流程

题一般处理流程（见图 4-6）；针对顾客反映的质量问题，制定了质量问题处理流程（见图 4-7）。

2. 反馈改进实例（见表 4-16）

表 4-16　顾客反馈改进实例

问题类别	具体问题	原因分析	改进措施	责任部门
产品质量	双层网网料内容皱、不服帖，上层网不平整	网料高温受热，吹风朝一个方向	返厂维修，并对顾客进行护理指导	质量管理部门 生产管理部 运营部
	产品手织扣松，头顶旋位头发太少，仿真头皮和接缝处衔接漏网	头顶旋位头发太少，仿真头皮和接缝处衔接漏网，或者是头顶分缝过于整齐，不易改变发缝	进行补发，并对库内其他产品进行盘查	质量管理部门 生产管理部 运营部

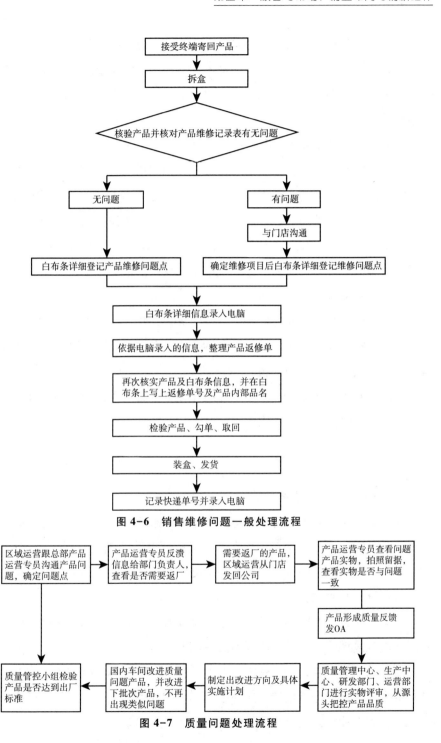

图 4-6 销售维修问题一般处理流程

图 4-7 质量问题处理流程

（四）定期分析、改进建立顾客关系的方法并与战略协同

公司通过电话回访、市场走访等多种方式，动态了解顾客对顾客关系管理方面的意见、建议，通过卓越绩效自评识别改进机会，不断改进和完善建立顾客关系的方法。

1. 加盟商、代理商的关系维护

第一，在渠道维护上，从单一的销售奖金激励向多元化激励方向发展，增加了培训、出国旅游等激励，增进双方之间的沟通和了解，更好地促进合作。

第二，在渠道关怀上，针对与公司建立了稳定合作关系的代理商，公司持续推动代理商生日关怀活动，在合作伙伴生日当天送上祝福，同时在特定节日为代理商送上节日关怀，增进代理商与公司的情感联系。

2. 顾客回访

第一，客户服务部通过日报、月报的形式，将400全国客服热线进行的满意度调查报告发送相关人员。服务站长或服务销售及时拜访评分较低的顾客，沟通解决顾客提出的问题。

第二，对于直接顾客，各营销部门在顾客生日当天进行沟通，为顾客提供优惠券、体验服务、保养服务。

二 顾客满意度测量

（一）顾客满意度测量

公司建立了针对各顾客群的全方位顾客满意度调查机制，涵盖所有顾客群体，并制定了《客户满意度信息的收集和评价管理制度》，每半年对国际顾客进行一次满意度的调查问卷和满意度的测量，并撰写调查报告上交公司领导进行分析和改进。

公司针对直接顾客和代理商等不同顾客群体，设置不同的满意度调查问卷，在满意度调研中，采取不同方式辅以不同流程。

在国内电商平台，计算顾客满意度的指标是NPS（净推荐值），它是最流行的顾客忠诚度分析指标，专注于顾客口碑如何影响企业成长。通过密切跟踪NPS，企业可以让自己更加成功（见表4-17）。

表 4-17 国内线上销售 NPS 数据

单位：%

年份	NPS
X 年	37. 29
X+1 年	17. 58
X+2 年	18. 15

直接顾客和国际顾客满意度测量流程见图 4-8、图 4-9。

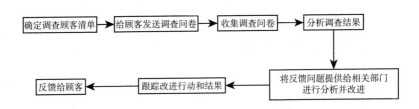

图 4-8 直接顾客满意度测量流程

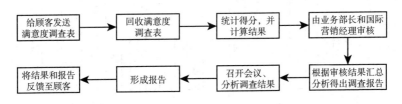

图 4-9 国际顾客满意度测量流程

　　线下顾客满意度调查问卷共包括四个方面（见图 4-10）。代理商顾客满意度调查问卷共包括六个方面（见图 4-11）。

　　公司每年都会对合作代理商进行满意度调查，每类调查完成之后，形成年度满意度调查报告，针对调研内容分项分数较低的项目，与顾客进行深入沟通，针对调查中顾客反馈的问题，采取改进措施，提高顾客满意度和忠诚度，表 4-18 为代理商满意度调查后的改进实例。

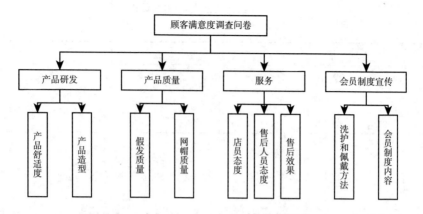

图 4-10　线下顾客满意度调查问卷内容

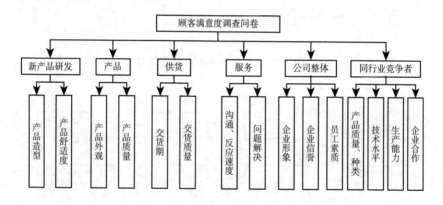

图 4-11　代理商顾客满意度调查问卷内容

表 4-18　代理商顾客满意度调查后改进实例

问题类别	代理商建议	改进措施	实施部门
新产品开发	提供便宜的钩针发，工艺发发条，化纤头套	◇对于大的新产品合作项目，形成项目小组，专人负责，提高样品一次性确认率，缩短样品确认周期	国际营销部门 研发管理部门

续表

问题类别	代理商建议	改进措施	实施部门
供货、发货	缩短生产周期及发货周期	◇继续寻找价格合理的手织外协,扩大手织产能;加强手织外协管理,严格把控手织交货期 ◇提前1~2月提供下月发货计划,及时征询顾客发货期意见,根据顾客需求调整部订单发货期,尽可能满足顾客发货期需求。特殊订单特殊安排,必要时各部门进行评审	国际营销部门 生产部门
产品质量	机制头套手织发缝部分露底。化纤头套手感干燥、粗糙,应当改善。先行样品应该保持曲度一致	◇重点排查头套产品手织发缝处的帘子密度,及后脑勺部位的帘子间距和排发密度,杜绝两处露底问题出现 ◇从调整原丝配比、定型温度、手感药水等方面进行手感试验和研究,从而改善手感	生产部门

　　在代理商满意度调研之后，为真实了解代理商与瑞贝卡的合作黏度，从而不断提高业务水平并改善公司管理。渠道管理会进行代理商回访，选择较有代表性、有突出问题或者合作年限较久、业绩完成情况良好的代理商，通过电话回访或者上门拜访等回访方式，沟通了解具体项目上存在的问题，并推送给相关责任部门进行问题分析并改进。

　　（二）对顾客进行产品和服务质量的跟踪

　　除上面介绍的定期顾客满意度调查，公司还注重日常工作中的顾客满意度信息收集，包括产品质量、服务质量等多方面的顾客满意度信息。

　　日常收集的信息分为两类，一类为时效型信息，即通过及时与顾客沟通使顾客满意，如及时解决顾客投诉问题，使顾客要求在第一时间得到满足，最大限度提高顾客满意度；另一类为改进型信息，即第一时间无法满足顾客要求，但通过内部管理改进，最终使顾客满意，如更改产品配方、增加促销手段等，这类信息按照年、月、周的形式汇总传递至各相关部门，结合外部的第三方市场调研分析，共同决策产品、服务质量的改进方向。顾客反馈后的改进创新见表4-19。

表 4-19　顾客反馈创新实例

顾客类型	渠道	反馈内容	改进措施	责任部门
国内	线上	产品和详情不符	◇统一产品标准 ◇SKU 详情和实物保持一致 ◇对在库产品进行排查返修	国内电商售后部门 国内研发部门
	线下	售后服务相对欠缺	◇增加发型师人数 ◇提供更多染发的选择 ◇实验适合当地操作的快干服务,缩短洗护周期	国内营销部门
国际	线下	个性化需求转化为产品,达成销售	◇制定《OEM 客户需求到销售达成过程》	国际营销部门

（三）搜集竞争对手和行业标杆的顾客满意度信息，以获取竞争优势

公司通过行业协会、专业网站、顾客沟通、专业会议、销售终端等多方渠道，收集和分析竞争对手、行业标杆的顾客满意信息，确认公司的优劣势，针对劣势采取改进措施，持续提升竞争力，提高公司市场占有率。公司针对相比竞争对手较为不足的地方进行改进，示例见表 4-20。

表 4-20　竞争劣势改进示例

不足之处	差距原因	改进方向	改进措施	责任部门	改进时长
国内中低端产品较少	市场定位以及目标顾客不同	增加化纤制品和人发掺和产品的款式和产量	对低端产品市场容量进行评估,并加大客单价较低的产品生产	生产部门 研发部门	持续改进
价格相对较高	劳动力成本上涨,人发手织价格高	压缩成本	开设国外工厂;加大研发投入,缩小化纤与人发的差距	研发部门 生产部门	持续改进

（四）定期分析和改进测量顾客满意度的方法，并与战略协同

公司通过卓越绩效自评，对顾客满意测评方法的适宜性、系统性和有效性进行评审，对测评方法进行评价与改进（见表 4-21）。

表 4-21 顾客满意度调查战略协同

原调查方法 存在的问题	改进方式	目的	效果
调查频率过低	在购买后、销售 7 ~ 10 天后以及保养后都进行顾客满意度调查	对每个服务环节进行多次评判，增强顾客满意度的可信度，提高服务水平	提高了顾客满意度得分
对竞争对手调查不充分	通过互联网和代理商调查竞争对手的顾客满意度	分析自身的优劣，加以改进，以提升市场占有率	为产品研发提供信息
对所有顾客采用统一的满意度调查表	对代理商和直接顾客采用不同的满意度调查表	更清晰地了解不同顾客的需求	收集信息更客观、全面，有利于促进改进

原来采用统一的顾客满意度调查表，现针对不同的顾客群体采用不同的调查方法，以便更好地了解不同顾客的需求。原来对顾客进行一次顾客满意度调查，现营销部门完成服务后针对需要改进的地方进行顾客满意度调查，并将反馈结果和改进作为形成记录，大大提升了服务水平。

第五章
独特资源禀赋：企业竞争优势的基石

瑞贝卡大力弘扬"精诚、创新、发展"的企业精神，公司以"创新、创造、实现客户梦想"为企业使命，矢志建设"拥有自主知识产权、拥有自主知名品牌"的国际化企业公司，为实现这一愿景目标，公司从人才、财务、信息和知识、技术、基础设施、相关方等方面进行资源平衡配置，利用吸收、转化、再造等方式提高资源利用的合理性，以保证价值创造过程的高效实施。

第一节　人力资源

公司长期以来一直秉承"以人为本"的管理理念，践行"壮大瑞贝卡、完善自我、报国惠民"的核心价值观，在人才招募、培养选拔、绩效管理、薪酬管理、员工关系等方面建立了具有公司特色的管理文化，积极营造良好的工作环境和人文环境，使员工的个人职业发展与公司的战略规划和发展有机结合。

根据公司战略发展指导思想，围绕公司战略发展目标，构建由人岗配置、职位管理、绩效考核、薪酬激励、教育培训等体系构成的人力资源管理系统（见图5-1），为员工搭建了阶梯式、多通道的职业发展空间，实现企业与员工的共同发展。

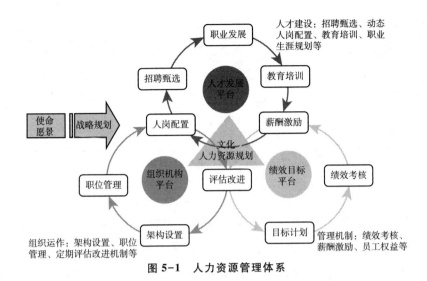

图 5-1　人力资源管理体系

一　工作的组织和管理

（一）利于授权、创新、合作的工作系统

公司基于精干高效、责权利对等、管理明确、有效管理幅度、顾客导向、专业分工和协作、灵活性等原则，以战略为核心进行组织设计，实行直线职能型的组织结构，设立了研发中心、制造中心、营销中心等部门，有效地提高了工作系统的运作效率，促进职能间的沟通协调，进而提高公司适应环境变化的能力。

公司不定期梳理组织结构，完善决策、执行和监督职能。人力资源部对组织结构设计中是否存在职能交叉、缺失进行评估，对组织结构运行效率和效果进行评估，并根据评估结果提出内部职能架构调整建议，逐级上报分管副总、总经理。组织机构调整草案经总经理办公会初审通过后，提交公司董事会审批后进行调整。对组织结构进行调整时，公司充分听取董事、监事、高级管理人员和其他员工的意见。

为提高公司运营效率和效果，按照"简化流程、提高效能、有效监督、风险可控"的原则，实施授权管理，并在公司 OA 上专栏公示，便于查询（见图 5-2）。

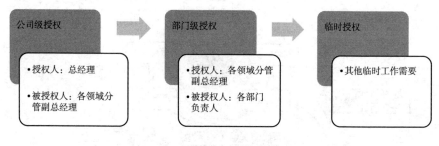

图 5-2　授权机制

在岗位设置方面，公司坚持科学的"以事定岗、以岗定人"原则，以公司的系统结构为基础，通过对部门职能与岗位进行分析，构建岗位配置模型，编制《部门职责与岗位说明书》，明确、细化了各部门及各岗位的职责、工作要求、权限和沟通渠道，由人力资源部负责各岗位和员工的日常管理与考核，从而明确了各层次的权责利。

对跨部门、阶段性工作，公司通过对研发、技术、人力资源、采购、物流、销售等职能进行整合，组建各类跨职能小组，促进内部创新与合作，加强部门之间的沟通协作，减少部门壁垒，调动了各部门和员工的主动性、积极性，提升组织效率，实现员工优化组合，有效地解决公司运营过程中遇到的各项难题（见表 5-1）。

表 5-1　公司跨职能小组（示例）

序号	名称	作用	主要参与部门/人员	事务管理部门
1	工业化项目	推进工业信息化,实现智能制造,形成跨界打击能力。负责组织制定工业化推进计划和目标,以自动化、信息化、智能化为方向,通过技术创新、质量改进、装备升级等措施,组织、指导、跟踪、协调各项智能制造推进计划实施工作,确保计划落实到位	以设备安全环保处和各生产实体为主导,研发和质量管理部门全程参与,生产总监负责协调和监督,常务副总全程统筹	设备安全环保处

序号	名称	作用	主要参与部门/人员	事务管理部门
2	生产现场管理系统（MES）项目	负责项目流程创新与信息化建设工作的统筹、协调、检查、指导，整合各类资源，协调解决推进过程中的各项问题。构建以工时工资为基础的生产一线工资计算体系，实现生产订单智能排产及派工管理、生产过程进度跟踪、作业指导书下达到产线、基本质量管理、外协管理、综合管理看板	董事长、项目管理办公室、项目经理、工时工资业务组（统计部、人力资源部、财务中心、研发中心、质量管理中心）、生产管理业务组、技术组	信息化管理部
3	化纤研发部CFT产品转移项目	结合非洲三个主市场情况，联合各驻外工厂及销售，进行产品有效转移，缓解各驻外市场订单压力	生产、营销、研发相关人员	化纤研发部
4	质量追责体系建设推进小组	负责质量追责体系的研究、规划和制度建设，对相关流程、制度进行再造和优化、创新；指导、监督、协调各子公司开展质量追责工作，对质量提升工作负责	研发中心、质量管理中心、各个制造基地	质量管理中心
5	化纤三大系列产品（N机、PVC、仿人发）推进项目	打通原丝供应、产品研发生产及销售链条，以快速响应的研发生产供应能力和高性价比的产品满足市场需求	销售经理、产品经理、生产经理、质量经理、原丝供应经理	研发中心
6	665#客户合作项目	结合现有电商化纤类产品，通过产品系列开发、各项宣传的结合制作提供等方式，最终实现化纤发条类目品类第一的目标 结合电商战队，对各店铺系列产品进行研发维护。从产品系列延伸、色号研发，相关推广包等方面入手，计划每个系列补充8~10款，最终实现爆款链接5~7个	营销、质量、采购等部门人员	市场与品牌部 客户服务中心
7	提高6#20#客户确认率研发、先行的项目	缩短单款产品先行制作周期，发送次数不超过3次完成确认	质量管理中心先行线、国际假发研发部、国际营销公司	质量管理中心

（二）确保员工需求，留住人才

公司根据长短期人力资源规划，确定员工类型和数量的需求，构建员工核心能力模型以及领导力模型，识别需要员工具备的知识和技能，形成职位说明书，招聘、任用并留住员工。

1. 识别与提升现有员工能力，推动组织绩效提高

公司从年龄、学历、职称、人员结构等不同要素入手，对现有人力资源进行分析，通过测评工具和绩效考核识别出员工的现有能力，找出与岗位匹配能力的差距，确定员工的类型与数量，编制《员工手册》和《岗位说明书》，明确员工的技能要求，采取内部培训、外部培训、专业技术教育、学历教育等方式及措施弥补差距，提升员工能力，不断推动组织绩效的提高（见图5-3）。

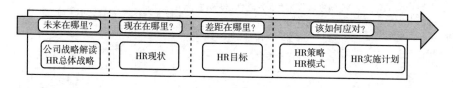

图5-3 识别员工技能与差距

2. 多渠道吸引、招聘人才

多年来，公司坚持"计划先导、长期储备、科学测评、渠道有力、流程合理"的招聘配置理念，根据战略发展需要，通过外部招聘及时补充和储备所需人力资源。公开、公平、公正地采取多种措施合理配置人力资源，满足公司的人力资源需求及长远发展的需要。人力资源部依据用人部门提出的人员需求，编制公司年度或阶段性人员需求计划，人力资源部依据《岗位说明书》的要求，采取笔试、面试和素质测评等方式进行识别，吸纳应届毕业生、引进成熟人才、聘用高级人才，并针对不同类别的人员采用不同的招聘方法和聘用方式。员工招聘方法和聘用方式见表5-2，招聘渠道及达成分析见表5-3。

表5-2　员工招聘方法和聘用方式

招聘方式	招聘方法	聘用方式	招聘频次
计划招聘	社会招聘会、网络招聘、校园招聘、内部人员推荐等	直接聘用制	按需
战略性人才招聘	组成招聘小组进行招聘	直接聘用制	按需
特殊渠道引进人才	向董事长或总经理推荐、猎头招聘	直接聘用制	按需

表5-3　招聘渠道及达成分析

招聘渠道	渠道人员层次	渠道使用分析	渠道整体达成占比（%）
猎头	专业高端人才	专业高级人才招聘服务，快捷方便，费用高，市场发展迅猛	1
猎聘网	全国中高端人才	国内专业专注于中高端人才的线上招聘平台	2
智联招聘	全国通用人才	侧重北方人才，稳定性强，应聘人员素质高，人才约面到岗达成率较高	23
前程无忧网	全国通用人才	侧重南方人才，上海、深圳一线城市人才活跃度较高，简历量大不优	4
许昌人才网	许昌地区中低端人才	许昌本土线上招聘网站，应聘均为许昌地区人员，人员层次一般	6
BOSS直聘	全国通用人才	线上手机端新兴渠道，活跃度、沟通效率高，深受年轻人喜爱	40
外聘网	海外通用人才	首家专注境外人才就业的线上招聘平台，应聘人员求职意向均为海外	4
校园招聘会	高校应届储备人才	线下渠道，针对高校各专业应届毕业生	8
人才市场招聘会	当地通用人才	线下渠道，面向社会招聘优秀人才	6
其他渠道（易企秀、微信公众号等）	通用人才	内部推荐及自荐，应聘人员认可意向度较高	6

3. 尊重人才，建立多重保障留住人才

针对新员工的专业和特点有针对性地制订轮岗计划，建立导师考核机制，为每名轮岗员工安排专人辅导。通过在基层部门轮岗，帮助他们熟悉公司业务和岗位、明确自身定位、实现理论与实践的结合，为人岗匹配奠定基础。公司实施五大留人策略，从企业文化、薪酬、培训、员工发展、员工关怀等方面留住人才（见图5-4）。根据公司发展和业务模式变化，鼓励员工合理的岗位流动，培养多专业多岗位复合型专业技能人才，更好地服务公司发展。

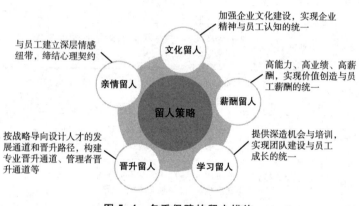

图5-4　多重保障的留人措施

（三）及时有效的沟通机制

1. 广开言路听取各方的意见和建议

公司定期召开职工代表大会，保障员工民主决策、民主管理和民主监督权利，保障员工的知情权、参与权、表达权和监督权，推动厂务公开、民主管理制度化建设，维护员工合法权益，充分发挥员工在企业民主管理中的作用。同时，公司深化厂务公开机制，把员工关心的热点、难点、焦点问题作为厂务公开的重点，通过宣传栏、职工座谈会、总经理信箱、《瑞贝卡人》等途径，与员工共享企业运营信息。

公司非常重视员工、顾客的意见和建议，在组织体系和管理流程中明确了对员工及相关方建议的收集途径（见表5-4）。

表 5-4　员工及相关方建议收集途径

对象	途径	责任部门
员工	职工代表大会	工会组织
	员工满意度调查	工会组织
	总经理信箱	总经办
顾客	顾客满意度调查	营销中心
	投诉管理规定	营销中心
	产品试用活动	营销中心
供应商	走访和高层领导互访	供应链管理部门、工艺公司
	供应商技术咨询	供应链管理部门、工艺公司
	供方协调会议	供应链管理部门、工艺公司

2. 有效的沟通渠道和技能共享方式，促进员工和相关方共同提高

公司建立了便于部门、个人、基层单位相互沟通的各种管理流程及其他制度体系，以及多种内部沟通渠道和技能共享方式，确保各职能部门之间信息畅通，促进公司成功经验的共享（见表5-5）。

表 5-5　内部沟通渠道和技能共享方式

内容	对象	渠道或方式
公司文化、发展战略、经营策略、重大事项、经营结果等	员工	《瑞贝卡人》
		局域网及内部电子邮件系统
		职工代表大会
		《员工手册》
		员工素质教育系列读本
	顾客	公司年报
		公司网站
		新品发布会
		400全国客服热线
		天猫、京东、速卖通等电子商务平台旗舰店
		专卖店
		"瑞贝卡时尚假发"公众号

内容	对象	渠道或方式
技能、经验分享	员工	内部培训管理体系
		"师带徒"活动
		劳动竞赛
		岗位练兵、技能比赛
	顾客、合作伙伴等相关方	互访交流

为进一步提高组织运作效率，公司要求各部门、各职位之间开展多种形式的沟通和交流，促进资源上的合作共享和能力上的互助学习（见表5-6）。

表5-6　沟通与共享

分类	形式	内容
部门之间	产销协调会、部门例会、集中培训、班前班后会	内部工作、管理动向、管理知识、市场信息、国家法规等
职位之间	OA系统、工作例会、轮岗、晨会	业务技能、工作经验、工作技巧、知识分享、防范改进方法与措施等
地区之间	区域月会、网络电话会议、分公司主管会议、视频会议	市场信息、人员信息、经营信息、管理动向、管理知识等

二　员工绩效管理系统

（一）绩效管理体系

以公司战略目标为核心，结合职能战略、业务模式与流程特点，按照财务、顾客与市场、内部营运、学习与成长四个维度，根据关键成功因素识别出关键绩效指标，进行层层分解，建立起以战略为导向，公司、部门、岗位

"三级绩效管理体系"。通过制订绩效计划，实施绩效评估，进行绩效反馈、应用和改进，形成有效运行的闭环绩效管理体系，为实现公司整体绩效提供支持（见图5-5）。

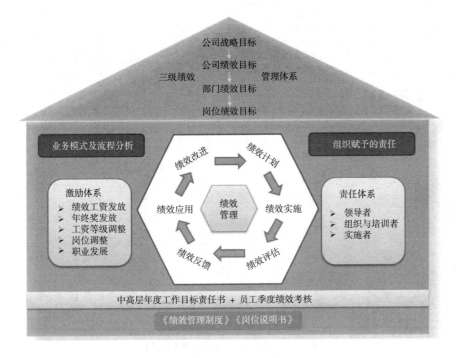

图5-5　绩效管理模式

（二）薪酬管理体系

薪酬主要由岗位工资、各项单项奖金/津贴/补贴、法定福利、内部福利等四部分构成，公司坚持薪酬市场化和分配绩效化的高度结合，建立基于业绩成果，包括项目奖、提成奖、效率奖、质量奖等形式的多元化薪酬管理体系。

（三）多元化激励体系

公司建立了完善的激励机制，以激发员工动力、提高组织绩效（见图5-6）。

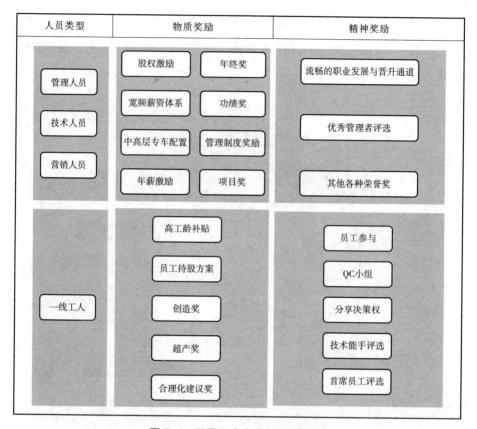

人员类型	物质奖励		精神奖励
管理人员 技术人员 营销人员	股权激励 宽频薪资体系 中高层专车配置 年薪激励	年终奖 功绩奖 管理制度奖励 项目奖	流畅的职业发展与晋升通道 优秀管理者评选 其他各种荣誉奖
一线工人	高工龄补贴 员工持股方案 创造奖 超产奖 合理化建议奖		员工参与 QC小组 分享决策权 技术能手评选 首席员工评选

图 5-6　不同层次人员的激励措施

三　员工的学习和发展

有计划地培养员工的知识、技能和能力，最终打造出一支管理营销复合型、技术专业型、员工智能型的企业团队，为公司的快速、健康、可持续发展提供人力资源保障。

（一）员工的教育与培训

为使培训管理高效、科学，对公司培训组织管理工作进行了整体规划和安排，形成了包括确定培训需求、设计策划培训、实施培训、培训评估在内的培训管理系统。

1. 科学确定培训需求，提高培训与公司发展的关联性和有效性

公司从战略规划、经营目标、人力资源规划、绩效评价结果、各种工作检查结果等多个纬度来进行培训需求分析，制订年度培训计划。通过开展公共类培训、专业类培训、基础类培训、特种作业证培训等多种培训，使培训覆盖公司各个岗位、各个工种、各个层级的员工。

2. 建立健全各项培训制度，为培训实施提供制度保障

公司完善了培训制度，推行内训师培养制度，确保培训需求确定、培训计划制订、培训实施、培训效果评估四个环节的有效实施（见表5-7）。

表5-7　培训计划人次及经费投入

指标	X 年	X+1 年	X+2 年
培训人次	10100	12410	11990
培训经费投入（万元）	58.0	94.4	57.7

3. 多形式、多渠道、多门类、多层次地支持和鼓励员工学习发展

（1）公司坚持开展现场观摩、操作演练等方式，全方位、大规模地开展岗位练兵、技术比武活动，有效提高了员工的技能素质。

（2）为加强企业基础管理，培育高素质、高技能员工队伍，提升企业核心竞争力，组织班组长参加管理技能提升培训。

（3）公司充分利用社会培训资源，与多家专业培训公司或重点大专院校建立了良好的合作关系。还出台了多项制度和措施，通过这些有效的激励方式，鼓励和帮助员工向一专多能和专家、能手、技术带头人的方向发展。

（4）为鼓励员工通过在职自学提高学历水平，公司给通过在职自学取得学历的员工发放学历津贴，同时员工可参加相关岗位的竞聘活动。

4. 发展专业学历教育，培养行业后备人才

瑞贝卡学院（Rebecca College）是由许昌学院成立的、以"河南瑞贝卡发制品股份有限公司"冠名的、跨学科、以发制品行业为背景的二级学院。

瑞贝卡学院采用"理事会"管理制度，瑞贝卡学院理事会主要由中国发制品行业协会、许昌学院、全国规模以上发制品企业和许昌市主要局委组成。瑞贝卡学院理事会具体规划学院的专业设置、招生计划、人才培养方案、学生实习实训等工作，其目标是更好地为全国发制品企业，特别是为许昌发制品企业培养合格的、直接可以应用的、懂生产技术和发制品企业管理的人才。瑞贝卡学院依托商学院师资力量与专业设置优势，整合校内外资源，与瑞贝卡公司共同建设发制品实训实习基地，全面推进学分制和模块化教学，为不同来源的学生制定多样化的人才培养方案。因教学工作实际需要，瑞贝卡学院每年都要从瑞贝卡公司聘请多名教师承担相关专业课程的授课工作。

（二）员工的职业发展

建立"德才兼备、绩效优先"的人才评价体系，使认同公司价值观、具有优秀潜质和能力、敢于承担责任、对公司有贡献的各类人才都有发展和成长的舞台与空间（见表5-8）。

表5-8 职业发展通道

管理序列	营销序列	技术序列	终端序列	操作序列
董事长	—	—	—	—
总经理	—	—	—	—
副总经理	—	—	—	—
总经理助理	—	—	—	—
总监（首席管理师）	首席业务师	首席设计师	—	首席技师
部长/经理（高级管理师）	高级业务师	高级设计师	—	高级技师
处长（中级管理师）	中级业务师	中级设计师	—	中级技师
科长（管理师）	业务师	设计师	—	技师
主管（一级管理员）	一级业务员	一级设计员	一级店长/导购员	一级技工
二级管理员	二级业务员	二级设计员	二级店长/导购员	二级技工
三级管理员	三级业务员	三级设计员	三级店长/导购员	三级技工
见习管理员	见习业务员	见习设计员	见习店长/导购员	学徒工

四 员工的权益和满意程度

公司为员工创造优良的工作环境，成立工会组织，维护全体员工的权益，提高全员参与的积极性和满意度。

（一）员工权益

1. 建立规范的标准体系，改善员工职业健康安全条件

公司严格执行国家《劳动法》《安全生产法》《职业病防治法》等法律法规，在国内发制品行业中率先通过 ISO 9001、ISO 14001、ISO 45001 体系认证。建立了覆盖所有部门的安全标准化体系，制定安全标准化制度 65 个。积极开展安全生产宣传活动，将生产过程中的危险因素、环境危害告知员工，落实了安全生产的知情权，提高了全体员工的安全意识。通过落实三级安全检查制度，查找问题，整改隐患，杜绝了各类事故的发生。采取各种措施有效保障职工职业健康与安全。

公司针对潜在隐患事故和紧急情况制定各种应急预案，确保生产经营的连续性，保障员工的利益，避免因事故造成停产，满足顾客对产品及时交付的需求，保障顾客的利益。

2. 为员工提供有针对性的、人性化的支持

公司通过问卷调查、座谈会、绩效面谈、离职面谈等方式进行调查、统计分析，确定影响员工权益、满意度和积极性的关键因素，为员工提供有针对性的、个性化的支持（见表 5-9）。

表 5-9　影响员工满意度的关键因素与企业的个性化支持措施

员工分类	关键因素	可能的影响	个性化需要	针对性和个性化的支持措施
管理人员	薪酬、福利、晋升机会、企业发展、荣誉成就等	管理人员忠诚度、工作业绩、成就感、事业心等	能力提升、工作保障、价值实现	提供有挑战性的工作、项目负责制、薪酬激励、组织培训、评先进等

员工分类	关键因素	可能的影响	个性化需要	针对性和个性化的支持措施
技术人员	薪酬、福利、培训、一定的自由空间等	归属感、工作能力发挥等	事业成功	送外进修、职称评定、弹性工时制
一线操作人员	薪酬、福利、工作环境等	归属感、工作积极性、流失率	生活需要、学习成长	改善工作环境,提高薪资待遇,老带新、师带徒制,改进培训制度,组织参观学习,增添文化娱乐设施,开展各种业余活动等

3. 营造员工积极参与公司管理的氛围

通过职代会、合理化建议征集等一系列活动营造员工主动参与公司管理的氛围。根据公司《奖惩规定》,对参与各项改进活动的职工给予适当物质奖励或精神奖励,提高员工参与的积极性。

(二)员工满意度

1. 多渠道收集、识别影响员工满意的关键因素

公司通过员工座谈会、电子信箱、信息平台、职工代表大会、总经理信箱、问卷调查等方式和渠道了解员工的意见与建议,并对其进行综合分析、归纳,把可能对员工造成较大影响的因素确定为影响员工权益、满意度和积极性的关键因素。

2. 进行员工满意度调查,及时改进工作

人力资源部每年组织开展员工满意度调查,并根据调查结果制定措施、及时改进,维护员工权益、提高员工的满意度和工作积极性。

员工满意度调查的目的是了解公司的客观情况以及员工的真实想法,以提高公司的管理水平,营造优雅舒适的工作环境,从而更好地适应公司未来发展。从公司的归属感、文化制度、员工关系、个人发展、上下级关系、公司薪酬福利等方面设计问卷,问卷主要由单选和问答题组成。

第二节　财务资源

公司根据生产经营特点和管理要求，围绕发展战略和经营目标，不断建立和健全财务管理制度，先后制订了《财务管理与会计核算制度》《成本管理制度》《全面预算管理制度》《融资制度》，规范各项管理基础工作，建立和完善预算及成本管理体系，做好各种财务收支的计划、核算、控制、分析和考核等工作；依法合理筹集和使用资金，提高资金使用效果；有效利用公司的各项资产，努力提高经济效益。应用杜邦财务分析体系等分析方法，开展各季度财务分析工作，评价经营结果、财务状况及其变动情况，评价公司偿债能力、盈利能力和抗风险能力，为公司经营决策提供信息。

一　开展全面预算管理，确保实现公司战略目标

全面预算是全方面、全方位、全过程、全员参与编制与实施的预算管理模式。公司自 2003 年推动全面预算管理，全面预算目前已成为各经营单位制订经营目标的主要依据。全面预算按年度编制，分季度、月份落实。编制预算按照"自下而上、上下结合、分级编制、逐级汇总"的程序进行。各预算执行单位按照先业务预算、资本预算、筹资预算，后全面预算的流程，并根据各预算执行单位所承担经济业务的类型及其责任权限，编制不同形式的全面预算。

公司每年 10 月份开始安排组织下一年度的全面预算工作。全面预算管理的组织体系由董事会、全面预算管理委员会、全面预算管理办公室、预算审核小组和预算执行单位组成。董事会是全面预算管理的决策机构；全面预算管理委员会是全面预算管理的实施机构，以预算会议的形式审议各项预算事项，为非常设机构；全面预算管理办公室是全面预算管理委员会的执行机构，设在财务部门，在全面预算管理委员会直接领导下开展工作。全面预算管理委员会主要拟订预算的目标、政策，制定全面预算管理

的具体措施和制度，审议、平衡全面预算方案，组织下达预算指标，协调解决预算编制和执行中的问题，组织审计、考核预算的执行情况，督促企业完成预算目标。各预算执行单位在全面预算管理委员会的指导下，负责本单位现金流量、经营成果和各项成本费用预算的编制、控制、分析工作，接受全面预算管理委员会的检查、考核。其主要负责人对本单位预算的执行结果承担责任。

预算编制核心流程为：下达任务—编制上报—预算审核—审议批准—下达执行，各单位须将经批准下达执行的预算方案于次年 1 月初录入 NC 系统预算模块，由公司财务中心进行统一管理和实时控制（见图 5-7）。

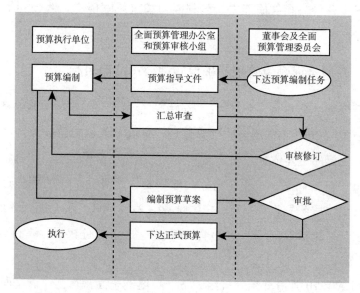

图 5-7　预算编制流程

公司严格实施《全面预算管理制度》，建立了"统一安排、分级管理、上下结合、严肃与适度灵活并重"的全面预算管理体系。将企业一切生产经营活动纳入预算管理，做到全员参与、全面覆盖，并进行事前、事中、事后全程管理监控。

在预算执行过程中，及时检查、追踪预算的执行情况，对差异进行分析，发现问题、找出原因，提出整改意见和建议，加强对整个经营活动的控制。每季度以全面预算执行分析报告和专题反馈报告等形式，汇报预算执行的进度和结果。

公司对各子公司的预算执行情况实施"半年考评、年底通算"的考核办法，预算指标考核结果与各责任单位预算指标负责人薪酬挂钩，确保企业能够最大程度地实现战略目标。

二　积极加大融资力度，保证资金供给

以"优化债务结构、降低资金成本、提高运营效益、确保整体资金安全，为公司战略规划实施和业务发展提供资金保障"为融资管理目标，坚持多渠道筹集资金，统筹安排融资计划，严格控制债务风险，确保流动性和灵活性。公司制定了《融资制度》，规范融资管理活动。

公司现阶段主要的资金需求有厂房及设备扩能投资、生产经营、分配、阶段性的存货或应收账款增加等。为保证资金供给，公司积极加大融资力度，融资举措有权益性资本融资和债务资本融资，主要融资渠道包括增加新股东和新股本、向现有股东增加股本、银行贷款、其他金融机构贷款、融资租赁等。

三　开展成本管理，控制和降低成本

公司制定了《成本管理制度》，使公司成本管理规范化、制度化、科学化，编制生产成本精细化管控流程（见图 5-8）。研发中心依据产品的研发过程和生产技术工艺要求，编制产品的标准 BOM 和工艺路线；财务中心在 SAP 系统中发布标准成本价格；生产部门依据执行情况、工艺技术条件的改善等，定期对标准成本进行修订。每月末，成本会计对各生产部门实际生产成本与标准成本的差异原因和各项制造费用的预算执行情况进行分析，并编制《成本分析报告》，生产部门依据生产成本状况，及时作出相应改善措施。

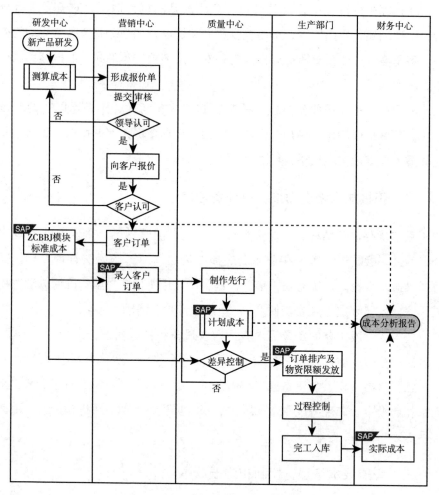

图 5-8　生产成本精细化管控流程

四　加强财务监督，控制财务风险

公司建立了财务风险管理制度，明确经营者、投资者及其他相关人员的管理权限和责任，并按照不相容岗位相互分离、制约和监督的原则设立岗位，单位负责人的直系亲属不得担任本单位会计机构负责人，并针对主要财务风险制定了应对措施。

（一）信用风险

公司对所有要求采用信用方式进行交易的顾客进行信用审核，仅与经认可的、信誉良好的顾客进行交易。同时对应收账款余额进行持续监控，以确保公司不致面临重大坏账风险。公司严格控制信用风险，多年来未发生因信用风险引发的重大坏账损失，也未因提供财务担保而面临信用风险。

（二）流动风险

流动风险由公司的财务中心集中控制。财务中心通过监控现金余额、可随时变现的有价证券，以及对未来 12 个月现金流量的滚动预测，确保公司在所有合理预测的情况下拥有充足的资金偿还债务。

（三）汇率风险

目前公司整体收入以出口收入为主，汇率波动不仅可能给公司产品的出口带来不利影响，同时可能造成公司汇兑损失，增加财务成本。公司及时调整产品出口销售价格、原材料进口规模并适当安排外币借款对冲汇率风险；境外子公司及时将销售款兑换成美元汇回国内，以降低所在国汇率波动带来的风险。将部分产能向非洲和柬埔寨的工厂转移，利用当地劳动力成本低的优势降低产品成本对冲风险，并根据汇率波动情况，适当调整销售区域。

五　加强资金日常使用管理，提高资金使用效率

为了加快资金周转提高资金的使用效率，公司出台一系列的组合措施，制度上出台《资金管理制度》《绩效评价细则》《采购资金结算管理规定》等给资金使用提供保障，并将其与企业经营者、资金使用部门的业绩挂钩，加强费控管理，节约成本费用等支出。

（一）强化项目投资管理

按照公司战略规划，对投资项目进行分析预测，确定投资项目的资金投入量和资金筹集的办法，按实际情况进行融资管理，确定所需资金的来源和渠道，进行相应的自筹、商业贷款等。从财务角度对项目投资的可行

性进行分析，全面预测投资项目的年总成本、经营成本、收益率、投资回收期、投资利润率、资本金利润率、盈亏平衡点等各项经济指标。项目建设期间，按月编制用款进度表，将预算与实际支出进行对比分析，及时调整项目预算。

（二）建立财务指标管理体系

公司建立了完善的财务指标管理体系，对资本金利润率、销售利润率、成本费用利用率、流动比率、速动比率等各项经济指标确立年度目标。每月将实际完成情况与其年度目标、上年同期、上月完成等进行对比分析，分析差距并寻找原因。

六　建立健全财务信息化平台

公司非常重视财务信息系统化建设，不断开发和引进财务信息系统，为财务分析和决策提供了快速、完备、准确的信息数据。推行会计电算化，于2015年使用 SAP 系统，引入了财务软件总账、报表、固定资产、存货、核算等模块，提高财务管理的周密性和成本核算的准确性，合理使用财务金融工具，降低融资成本。

第三节　信息与知识资源

一　信息源的识别和开发

（一）识别信息源

根据公司战略发展需要，公司不断加强对信息源的识别，使公司更加快速灵活地满足顾客与市场的需求，创造卓越的经营绩效。公司从发展战略的角度出发，结合公司信息系统软硬件设施的建设情况，持续开发与公司发展相关的信息源，并根据已识别出的信息源的优先级，制订信息源优先开发计划。

公司信息分为外部信息和内部信息两个部分。外部信息包括国家法律法规，宏观经济政策，国内外经济发展趋势，原材料和产品供求变化，市场和消费者当前和未来的需求，新产品新技术发展趋势，来自合作伙伴、行业顾客网络的产销信息。职能部门主要通过网络、专业网站、报纸杂志、行业协会活动、各类展销及展览会等途径进行外部信息识别、收集和整理。内部信息包括公司经营动态信息，包含公司发展战略和经营决策以及执行情况，财务、人事、营销、技术开发、质量管理等信息；各项会议精神、制度规定、体系文件、企业文化；员工反馈的信息，包括员工对公司经营发展提出的合理化建议、员工的需求和期望、群体活动以及技能经验等信息（见表5-10）。根据公司发展战略需要，把信息源划分为市场、员工、合作方，信息类别、信息作用、信息传递与收集渠道见表5-11。信息管理系统中各类信息资源的主要存储地址和管理办法见表5-12。

表5-10 公司信息源识别与管理

信息类别		责任部门	信息源	主要信息	收集渠道
外部信息	宏观经济政策	战略发展委员会	国家宏观经济政策	政治法律、经济形势、社会文化、技术环境	网络、报纸杂志、会议、政府相关部门文件
			世界宏观经济形势		
			法律法规		
	行业态势	战略发展委员会研发中心	行业政策及信息	潜在进入者、替代品发展趋势、竞争态势、原料供应商	网络、报纸杂志、会议、展会
			竞争企业产品科研信息		网络、报纸杂志、顾客走访、展会、专家咨询
			标杆企业经营动态		网络、年报、顾客反馈、行业报告、展会
	顾客和市场	市场与品牌部各生产实体	市场信息	顾客需求、市场形势、顾客关系管理、物资采购、供应商关系管理	网络、行业研究、顾客走访、展会
			关键顾客信息		网络、顾客走访、SAP系统
		采购管理中心	供应商信息		供应商调查、网络、SAP系统
	技术前沿	研发中心	技术信息	技术发展动态	网络、展会、第三方科研机构走访
	其他	研发中心资本运营部	合作伙伴信息	公司投资、技术研发	网络、报纸杂志、会议

信息类别		责任部门	信息源	主要信息	收集渠道
内部信息	运营过程	供应链管理部门、研发中心战略发展委员会	产品成本信息、工艺技术信息、公司经营信息	技术水平、产品质量、产品合格率	网络、报纸杂志、内部培训、内外部交流沟通、各职能部门汇总、SAP系统
	市场信息	市场与品牌部动力发制品业务中心	销售量与销售价格信息、市场占有率	顾客满意度、市场占有率、销售费用	顾客走访、市场调研、内部分析、各职能部门汇总
	财务信息	财务中心	项目预算与支出信息	销售收入、利润总额、资本保值增值率	SAP系统、内部分析
	员工信息	人力资源部	员工需求	员工满意度、培训、抱怨	合理化建议、满意度调查、员工座谈会
	其他信息	集团办公室市场与品牌部	公益支持、企业文化信息		各职能部门汇总

表5-11 信息资源分类

信息源	信息类别	信息作用	信息传递与收集渠道
员工	综合素质	提升员工整体素质	对员工进行综合培训
	工作能力	人员调配、晋升依据	对员工进行绩效考核
	业务信息	操作层业务进度控制	1. 利用内部顾客满意度调查表与员工进行业务沟通 2. 业务系统查询 3. 业务需求定期调研
	满意度	管理层战略决策参考	员工满意度调查
市场	顾客信息、销售信息	管理层决策依据、操作层业务工作参考	走访顾客，进入系统管理后台收集信息，反馈给相关部门
	售后服务信息	管理层决策依据、操作层业务工作参考	通过ERP等相关系统查询、传递信息与业务沟通
	竞争企业信息	管理层战略决策参考	1. 访问竞争企业网站 2. 从顾客、加盟商处获取竞争企业信息 3. 从供应商处获取竞争企业信息 4. 通过行业协会收集 5. 上市公司年报 6. 购买行业分析年报 7. 从京东、天猫、速卖通等电子商务平台获取竞争企业信息
	行业信息	管理层决策依据	1. 通过行业协会收集 2. 查看国标及相关统计数据

信息源	信息类别	信息作用	信息传递与收集渠道
合作方	公共关系	管理层战略决策参考	访问相关网站
	合作业务进展	操作层业务进度控制	公司网站、对方业务系统延伸

表 5-12　信息系统中信息资源情况

信息类型	包含内容	主要存储地址	管理办法
核心信息	研发文档信息	1. SAP-ERP 系统 2. 业务人员办公 PC	1. SAP-ERP 系统业务信息管理,执行《河南瑞贝卡发制品股份有限公司SAP 系统用户授权管理规定》 2. 业务员办公 PC,依托"亿赛通电子文档加密系统",执行《河南瑞贝卡发制品股份有限公司核心信息资源安全保护规定》
	重要产品原图		
	顾客信息		
	销售业务信息		
重要业务信息	财务数据	SAP-ERP 系统	1. SAP-ERP 系统业务信息管理,执行《河南瑞贝卡发制品股份有限公司SAP 系统用户授权管理规定》
	采购/供应链数据		
	存货信息		
一般业务信息	其他业务信息	所在业务部门	由所属业务部门负责

（二）开发信息源

公司从发展战略的角度出发，结合公司企业信息化项目软硬件设施的建设情况，持续开发与公司发展相关的信息源，并根据已识别出信息源的优先级，制订信息源优先开发计划。特别是对公司战略目标、生产经营活动影响较大的核心信息源，如对重点顾客、潜在的大型顾客、竞争企业等加大开发信息管理力度。同时，十分重视对目标市场所属地区的政策、法规的信息收集与管理，对国内外同类企业发展策略、研发趋势、市场策略等信息的收集与管理。

（三）数据信息的传递

公司通过官方网站、工作会议、年度会议、网络、文件、邮件、拜访、信息系统等多种途径，与政府、股东、顾客、供应商、员工等利益相关方建立有效的信息沟通渠道，方便其获取相关信息，促进双方良性互动、共同发展，信息传递对象、途径及内容见表 5–13。

表 5–13　信息传递一览

对象	途径	内容
股东、政府、社会公众	宣传册、展厅	集团概况、企业文化
	公司官方网站、网站信息披露	集团形象、企业当前大事、要闻等
中高层	总裁办公会议	集团重大决策、战略项目、重点工作
	季度经营会议	集团本季度工作总结与下季度工作计划
	半年度工作会议	集团半年度工作总结与下半年工作计划
	经营管理委员会	经营管理委员会相关事宜讨论
员工	年会	总结集团工作，总结表彰先进集体和个人
	部门会议	本部门工作总结及计划
	员工座谈会	了解员工对公司的满意情况
	员工满意度调查分析报告	员工对公司不满意因素分析及改进策略
	OA 系统	日常工作交流
顾客	电话、邮件、合同、信函、展会、年会	技术交流、商务洽谈
供应商	供应商调查、电话、拜访、展会、邮件、信函	总结供应商管理及采购管理事项，并改进

二　全面的信息系统

（一）软件管理系统

公司坚持以流程为导向，建设具备公司自身特色的信息化系统，既能确保模块的通用性，又能满足公司自身的个性化需求，在数据集成综合平台上，确保各子系统间的数据集成与共享，建立了相互集成、稳定可靠的核心业务信息化运作平台。

SAP 是德国 SAP 公司 ERP（Enterprise-wide Resource Planning）软件的名称，它是 ERP 解决方案的先驱，也是全世界排名第一的 ERP 软件。自2015 年起，公司先后实施部署了 FI（财务管理）、MM（物料管理）、SD

（销售与分销）、PP（生产管理）、CO（成本管理）五大功能模块，从而实现了企业主要经营活动的全覆盖。通过 SAP 系统，MM 模块部分实现仓储管理、采购及供应商管理；PP 模块部分进行生产计划排程、物资限额发放、生产进度分析、制造成本收集；CO 模块部分进行成本核算和差异分析；FI 模块，进行财务活动账目归结；SD 模块负责销售订单下达、产成品发货、销售发票开具等相关业务。并通过接口开发，实现了与公司原有国内分销系统（百盛 IPOS）、生产现场管理系统（RFID 系统）的数据交互。近年来，瑞贝卡公司以 SAP 系统为平台，在提升企业信息化覆盖广度和深度的同时，狠抓系统应用，提升企业精细化管理水平，并为经营决策提供支撑。公司信息系统模块构成及打通关系见图 5-9，现有系统的名称、版本、用途、使用部门和引入时间见表 5-14。

表 5-14 公司现有信息系统

系统名称	型号/版本	用途	使用部门	引进时间
SAP-ERP 系统	ECC6.0	FI（财务管理）、MM（物料管理）、SD（销售与分销）、PP（生产管理）、CO（成本管理）五大功能模块	各营销相关部门及公司、各研发相关部门、各生产实体部、各仓储部、财务中心、供应链管理部门、采购部、生产管理部、质量管理中心	2016 年一期 2017 年二期 2018 年三期 2019 年四期
百盛 IPOS 分销系统	V2.0.11 R [151120]	销售管理、存货管理以及订单管理	国内营销公司	2009 年
RFID 系统（MES）	联合开发应用	记录生产现场货物的移动，并生成一线工作人员的计件工资	各生产实体部门、统计部	2011 年
朗新 eHR	eHR（2014）	管控公司全员个人档案、薪酬等信息	人力资源部	2014 年
亿赛通电子文档加密系统	V5.0	涉密电子文档加密处理	各营销相关部门及公司、各研发相关部门	2019 年
致远 OA	V8.0	办公协同、流程审批及预算费用控制	全公司	2021 年
电商业务系统	聚水潭 SasS ERP	电商业务信息化	国内电商部门、自主品牌营销公司	2022 年

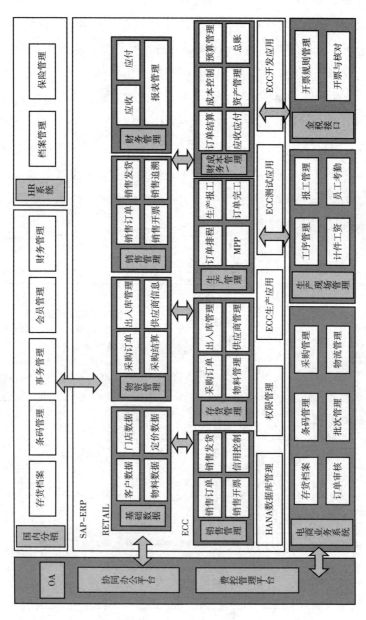

图 5-9　企业信息化建设现状

（二）硬件网络

为满足公司网络高速、高稳定性、高安全性、虚拟局域网的分级多元化管理需求，公司配置了一系列硬件网络设备。

公司拥有独立的中心机房，并有防火、恒温控制、UPS 机房安全保障措施，中心机房对服务器、交换机、路由器、防火墙各种设备进行归置。公司配备 IBM、深信服品牌服务器，华为核心交换机，研华工控机，模块化机房设施，深信服虚拟化宿主机，华为防火墙等，确保公司网络安全（见表5-15）。

表 5-15　中心机房信息设备固定资产

序号	设备名称（数量）	品牌/规格/型号
1	核心交换机(1)	HUAWEI S12708
2	SAP 数据服务器(3)	IBM X3850
3	SAP 应用服务器(2)	IBM X3650
4	RFID 工控机(3)	研华 510
5	模块化机房设施(1)	HUAWEI RH2288
6	深信服虚拟化宿主机(4)	深信服 Aserver2200
7	防火墙(1)	HUAWEI USG6550
8	VPN 服务器(1)	深信服 M7.1
9	上网行为管理(1)	深信服 AC-1000-B1500
10	云桌面及超融合(1)	黄河 EpiCloud

（三）确保软硬件的可靠性、安全性及用户友好性

信息化管理部负责公司信息化基础平台的设计、实施，及软硬件和网络维护、关键设备和数据的备份工作，制定信息和网络管理制度，对重要软硬件采取密码保护、资料备份、权限设置等措施，提高数据和信息管理软件和硬件的可靠性、安全性、易用性，确保信息系统基础建设符合公司战略发展的需要。

公司信息化管理系统严格规范设计、架构，选择先进、成熟的开发平台

与应用系统，以及国际领先的硬件设备，与拥有开发技术实力的多家公司联合定制开发，选用高端配置的硬件系统，搭建安全可靠的网络拓扑结构，在网络核心层进行冗余物理连接，实施线路备份。建立系统与数据备份策略并定期检查执行情况；对重要数据备份与信息安全事件进行定期审核与跟踪处理，保障系统运行稳定可靠。

公司与生产、销售、财务、物料、管理相关的数据资料几乎全部集成在 SAP 系统中，公司制定了《SAP 用户授权管理规定》，确保系统数据的安全性和整个系统的稳定性。保障系统可靠性、安全性、易用性的措施见表 5-16。

表 5-16　保障系统可靠性、安全性、易用性的措施

属性	主要措施
可靠性	1. 公司通过基础应用备份解决方案、数据备份制度、故障应急预案、软硬件网络定期巡检、供方维保巡检等方式，确保网络、硬件、软件的可靠性 2. 在硬件方面，公司购买使用性能可靠的服务器、网络设备、品牌 PC 机和打印机等 3. 在软件方面，公司坚持使用正版软件，采购稳定可靠的应用系统及大型数据库系统，在网络架构方面，采用光纤骨干结构
安全性	1. 公司采用先进加密技术构建信息安全体系基础，规范数据安全与监督制度，提升全员信息安全责任意识，保障公司信息的安全性 2. 采用国内先进防火墙进行实时防护，确保网络的实时安全，减少网络安全隐患 3. 采用数据加密系统，统一实行身份验证，实行严格的权限管理和监督审查制度，系统性记录操作日志，在技术手段和制度规范方面保障系统的安全性 4. 公司实施重要数据和信息备份机制，严格要求各相关部门将各类数据在公司大型服务器文件保存区域定期备份，防止因为硬件故障或误操作导致的数据损坏或丢失
易用性	1. 采用人性化设计，在平时使用过程中，收集各使用人员意见，结合公司现状，对软件一些功能进行改进 2. 信息管理员按照公司规定的硬软件配置统一标准，对硬件配置和软件安装进行统一管理，便于用户操作 3. 编制各项软硬件操作说明书，进行软件操作培训，同时开设局域网服务热线，随时为用户提供技术服务

三 信息系统满足公司长短期发展

公司高度重视两化融合工作。"十四五"期间，公司大力推进企业数字化转型，促进信息化和工业化相互渗透、相互融合，将信息技术、自动化技术、现代管理技术相结合，提高发制品生产过程控制、产品研发、财务管理、市场营销和物流等的信息化和数字化水平。企业数字化转型建设分为三个阶段。

一是国内异地工厂及海外公司 ERP 系统建设。以统一的信息系统运行统一的数据语言，为企业资源共享与配置优化提供数据支撑。

二是海内外工厂逐步推进 MES 系统建设，实时掌握各生产单位的产能状态，从而合理派工，充分调动并运用企业产能。同时，统一不同生产单位的工艺流程管理、质量管理等标准，以求达成不同产地、相同产品的目的。

三是以公司信息系统及其他有效可用数据为基础，开展数字化转型。建立数据仓库，搭建股份公司数字化管理平台，逐步实现数字可视、到价值挖掘、再到智能预警的进阶，从而更好地服务于经营决策，乃至企业发展战略的落地。

企业数字化转型项目具体情况如表 5-17 所示。

表 5-17 企业数字化转型项目

序号	项目名称	预算额（万元）	达成结果
1	电商业务系统建设	20	规范电商业务，初步实现其业务分析需求
2	总部工厂 MES 系统建设	90	构建以工时工资为基础的计件工资体系，并实现工序级排产及质量管理雏形
3	委外管理模块建设	10	结合 MES 与 OA 系统，建立委外管理业务模型
4	国内工厂 ERP 及 MES 系统建设	100	以统一的数据标准及管理规则，在国内工厂范围内，复制总公司的信息系统运行模式
5	柬埔寨工厂 ERP 及 MES 系统建设	40	以统一的数据标准及管理规则，在柬埔寨工厂范围内，复制总公司的信息系统运行模式
6	加纳工厂 ERP 及 MES 系统建设	30	以统一的数据标准及管理规则，在加纳工厂范围内，复制总公司的信息系统运行模式

序号	项目名称	预算额（万元）	达成结果
7	其他海外工厂系统建设	30	完成所有工厂的 ERP 及 MES 系统建设，并进行数据打通与共享
8	南非销售公司 ERP 系统建设	30	以南非销售公司为试点，开展海外销售子公司的信息化建设工作
9	其他销售公司 ERP 系统建设	100	以南非销售公司为模板，完成其他海外子销售公司的信息化建设
10	DB&BI 系统建设	150	建立数据仓库及信息化业务中台，实现经营数据的可视化；根据管理层、决策层需求，进行数据价值挖掘，以数字视角模拟企业经营逻辑。初步实现企业数字化运营
	合计	600	—

四　组织的知识管理

公司致力于形成为组织战略发展和日常经营管理服务的知识管理体系。基于内部及相关方的知识准确识别，对知识和信息进行收集、确认、保存、传递与共享，将人员、流程和业务知识紧密集成在一起，达到信息共享、支持管理和持续改进的目的。

（一）知识分类收集与知识库建立

为打造学习型、创新型企业，瑞贝卡建立了知识管理体系，在 OA 系统上构建了知识管理平台，将知识分类收集、整理后纳入知识库加以共享（见图 5-10）。

（二）知识的共享与应用

1. 构建完善的培训体系

各领域的专业人员参与课程开发和传授的全过程，将隐性知识外化成培训课件和教材。

2. 搭建开放的网络平台

公司安排专人定期梳理知识地图和知识树，员工可以通过公司 OA 系统

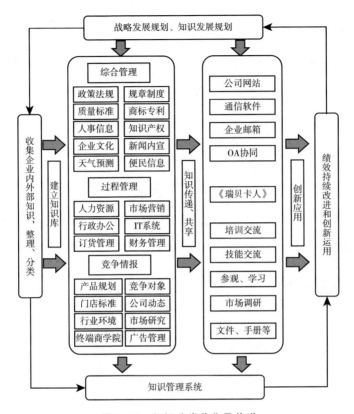

图 5-10　知识分类收集及传递

实现知识共享。

3. 建立组织目视看板

看板内容包括工作中常遇见的问题及解决方法、操作中常犯的错误、独创的做法等，看板每月更新，年底汇总成册，成为新员工的培训教材。

4. 定期举办分享会

每天的工作晨会，每年的 QC 成果发布会、工作改善成果发布会，不定期的学习型组织交流会、成果分享会等，成为有效传播知识的平台。

5. 构建知识联盟

通过成立学习型营销小组，与加盟商共建学习促进小组，让加盟商、直营店、各电子商务平台店铺参与研发过程等，实现与价值链相关企业的知识共享。

6. 借助外脑

聘请国内外知名专家担任公司顾问、首席设计师等，传授工作经验。

7. 开展标杆学习，推广最佳实践

公司以"市场调研、现场考量、市场研判、对标求解、反思修正"为指导思想，树立标杆，在企业中推广最佳实践。

外部标杆：围绕公司发展战略，不同市场选用不同的学习标杆，通过派出学习、引进技术、引进专家等途径，达到或超过标杆。

内部标杆：公司通过技能比武等形式，树立内部学习和追赶的目标（流程标杆、业务标杆或管理标杆），将最佳实践向全公司推广。

五　数据信息和知识的属性

公司完善内部管理体系，明确各部门职责，信息化管理部配备专（兼）职知识管理人员，以确保数据、信息和知识的完整性、及时性、可靠性、准确性、安全性、保密性（见表5-18）。

表5-18　数据、信息和知识六大属性确保方法

属性	方法	主管部门
完整性	1. 制定《SAP系统用户授权管理规定》《信息化工作管理规定》等 2. 建立知识库和多层次的档案管理系统	信息化管理部 总经办
及时性	1. 制定《收发文流程》《印章管理办法》等 2. 使用内部局域网、内部沟通工具，与国际互联网连接	信息化管理部 总经办
可靠性 准确性	1. 制定《固定资产电子设备管理办法》等 2. 由信息化管理部对所收集的数据、信息和知识进行分析、确认	信息化管理部
安全性 保密性	1. 制定《SAP系统用户授权管理规定》《网络与信息安全应急预案》《信息安全管理办法》《核心信息资源安全保护规定》《保密管理规定》等制度 2. 对信息系统与数据库实行定期备份或自动备份 3. 加强数据口令的管理，设置用户权限	信息化管理部 人力资源部 总经办

第四节　技术资源

为实现"两个拥有"的战略目标，公司大力实施"科技、人才、品牌"三大发展战略。近年来，公司引进高分子材料、精细化工、染整、机械制造、生物工程等方面的院士、教授、博士后、研究生，并和东华大学、浙江大学、四川大学、中原工学院等院校合作，完善了产学研用结合的研发体系，形成以院士为顾问，以博士、硕士为科研骨干的研发队伍。先后组建了国家级企业技术中心、河南省发制品工程技术研究中心、博士后科研工作站、全国发制品标准化技术委员会、许昌市发制品行业生产力促进中心等机构，被评选为河南省高新技术企业和国家火炬计划重点高新技术企业，是全国发制品标准化技术委员会秘书处承担单位。公司工程研究中心服务于企业全价值链的整合，使其成为行业内最大的研发和科技服务平台，形成了行业内最具活力的研发体系，大大提高了企业的核心竞争力。

一　重视技术评估，促进技术发展

公司建立了以工程研究中心为主体、其他各部门协同参与的技术评估机制，对公司的产品、工艺、装备技术先进性进行分析评估，分析当前国内外发制品行业的技术发展状况和趋势，对收集到的各类技术信息运用 SWOT 方法进行分析、评估，开展国内外行业技术跟踪，对公司拥有的技术进行评估，并与同行业先进水平进行比较分析，为公司制定发展战略提供了参考和依据，为提高顾客满意度提供了技术保障。

公司现有的技术信息收集途径及技术评估和比较方式主要有以下 8 种。

（1）与研究所和行业协会等多家专业协会及政府相关部门保持紧密的业务联系，第一时间获取行业动态及技术参考资料。

（2）与东华大学、浙江大学、四川大学、中原工学院等院校建立良好的合作关系，了解国内外同行的技术水平及发展动态。

（3）通过专业调查机构、咨询公司等第三方机构，获得国内外行业动态信息及技术参考资料。

（4）通过顾客反馈获得市场流行趋势和竞品动态。

（5）购买主要竞争对手的产品进行测试、分析和对比。

（6）送公司产品至国家发制品及护发用品质量监督检验中心进行检验并获得信息。

（7）每年对产品质量进行顾客满意度调查。

（8）订阅纺织、时尚有关的刊物获得相关信息。

公司定期对主导产品的技术水平进行评价对比，产品多项性能指标处于行业领先水平（见表5-19）。

表5-19　发用纤维性能指标与国际同类产品比较

指标	瑞贝卡产品	国际同类产品
耐皂洗色牢度	4~5 级	4~5 级
耐热压色牢度	4~5 级	4~5 级
耐摩擦色牢度	4 级	4 级
耐水色牢度	4~5 级	4~5 级
耐酸汗渍色牢度	4~5 级	4~5 级
耐碱汗渍色牢度	4~5 级	4~5 级
耐光色牢度	5~6 级	4~5 级
纤度（dtex）	51.9	45~60
断裂强度（cN/dtex）	1.38	1.0~3.5
断裂伸长（%）	32.9	30~55
打结强度（cN/dtex）	1.0	1.0
沸水收缩（%）	3.5	≤4.0
100℃ 干热收缩（%）	0.8	<1.0
120℃ 干热收缩（%）	2.0	<3.0

二　广泛采用新技术、新标准，不断提升研发水平

公司从成立伊始，就把研发放在第一位，通过不断更新的技术和产品，提供内驱动力，助力公司达成目标。非洲的自主品牌 NOBLE，通过长期不断地创新，坚持青春时尚、款式多变、优良材质的研发理念，为消费者提供前沿的好产品，成为非洲的知名品牌。此外，还有西非品牌 NOBLE，南非 MAGIC，东非 FASHION IDOL。旗下的产品有 Wig、Weaving、Braids 三大类，按材质分为 4 个系列，拥有 4 种不同的佩戴功能。每个系列都会结合新潮流、新材质、新工艺三个方面进行项目策划，每年在复活节、圣诞节进行新品发布，平时则以周、月为周期定时补充新品到市场，全年研发新产品超过 2000 款。

（一）创新开发模式，打造科研平台

公司坚持以人为本，以市场为导向，采取"自主开发、联合设计、引进吸收"的策略，不断与国内相关科研院所、学术团体进行广泛交流，加强自主创新能力建设，在发制品新材料、新工艺、新产品、新设备领域不断探索和创新，实现"两个拥有"目标。

公司产品设计紧紧围绕行业发展和企业技术创新的目标，创新产品开发模式。一是通过在美国、欧洲、非洲等地设立的研发机构，结合当地美发沙龙，深入市场一线了解并掌握消费者的需求和流行趋势，自主开发新产品并推向市场；二是与战略合作伙伴关系顾客联合进行新产品研发，满足并超越顾客需求；三是积极关注同行业技术信息，通过网络、媒体等手段了解、吸收并引进新材料、新设备、新技术、新工艺，更好地进行新品研发；四是开展国际国内设计合作，把握国内外流行趋势。

与东华大学联合成立了发用纤维研究所，联合国内东田造型等发型研究机构成立了北京发型研究中心，采取产学研合作的方式与国内外多家科研机构、重点大学建立了战略合作关系。针对原丝制造、发制品装备、产品设计等项目进行重点研发和成果推广，取得了一系列成果（见表 5-20）。

表 5-20   产学研合作情况

序号	项目名称	合作单位
1	发制品中人发与其他特种动物纤维定性定量检测方法的研究	上海市质量监督检验技术研究院
2	高仿真人发假发用耐高温聚酰胺类纤维研究与开发	河南省科学院高新技术研究中心
3	瑞贝卡主持起草五项发制品国家标准	中国轻工业联合会 全国发制品标准化技术委员会
4	超仿真人发纤维关键技术及装备研究与开发	东华大学
5	大辫用假发纤维的研制与工业化	绍兴中纺院江南分院有限公司
6	双组分假发纤维的研制与工程化开发	绍兴中纺院江南分院有限公司
7	人发拉伸细化关键技术研究与产业化应用	天津工业大学
8	共建产业学院	许昌学院

（二）参与行业协会，促进行业发展

作为中国轻工工艺品进出口商会发制品分会会长单位，公司积极参与行业协会，学习、吸收、消化行业最新动向，在公司科研平台基础上进行自主创新，形成自有的技术和标准，实现产业化，并成为行业示范企业，带动整个行业持续发展。公司成立了许昌市发制品行业生产力促进中心，开展发制品行业新产品、新技术、新工艺、新材料、新设备的推广应用，构筑行业信息服务网络，为行业内企业提供广泛的信息服务。中心成立以来通过技术开发、技术推广、信息培训、咨询服务等方式为 20 余家发制品相关企业提供服务，促进了行业技术水平的提升（见表 5-21）。

表 5-21   许昌市发制品行业生产力促进中心主要服务企业名录

序号	企业名称	企业地址	服务内容
1	河南瑞贝卡发制品股份有限公司	河南省许昌市	技术开发
2	许昌市魏都利达发制品有限公司	河南省许昌市	
3	许昌金盛发制品有限公司	河南省许昌市	

序号	企业名称	企业地址	服务内容
4	禹州神龙发制品有限公司	河南省禹州市	技术推广
5	禹州瑞娜发制品有限公司	河南省禹州市	
6	许昌诚朴生化有限公司	河南省许昌市	
7	禹州市利泰发制品有限公司	河南省许昌市	
8	许昌县新和工艺品有限公司	河南省许昌市	信息培训
9	许昌市瑞泰发业有限公司	河南省许昌市	
10	许昌靓佳包装艺发有限公司	河南省许昌市	
11	禹州泓源发制品有限公司	河南省禹州市	
12	许昌鹏辉发制品有限公司	河南省许昌市	
13	许昌县金叶发制品有限公司	河南省许昌市	
14	许昌恒源发制品有限公司	河南省许昌市	咨询服务
15	许昌冰洋发制品有限公司	河南省许昌市	
16	禹州市隆源发制品有限公司	河南省禹州市	
17	许昌丰泰发制品有限公司	河南省许昌市	
18	许昌鑫源发制品有限公司	河南省许昌市	
19	许昌森源发制品有限公司	河南省许昌市	
20	长葛市金源发制品有限公司	河南省长葛市	
21	许昌瑞佳发制品有限公司	河南省许昌市	
22	许昌鑫辉发制品有限公司	河南省许昌市	
23	许昌优发发制品有限公司	河南省许昌市	
24	许昌希瑞斯工艺发制品有限公司	河南省许昌市	
25	许昌卡丝曼假发有限公司	河南省许昌市	

（三）实现研发流程管理信息化，缩短产品开发周期

为打造国内一流的研发团队，实现从"工厂打版模式"向"品牌研发模式"的转变，开创设计流程、管理流程和考核流程三位一体的先进管理模式，缩短产品开发周期，使研发进度得到有效监控，快速传递信息，提高市场快速反应能力。

三 注重知识积累，形成技术诀窍

公司根据《企业知识产权管理规范》（GB/T 29490-2013）的要求，对

原有专利制度进行了修订，基本形成一套专利管理制度体系，包括《知识产权管理制度》《科技成果转化的组织实施与激励奖励制度》等规章制度，为公司知识产权保护工作提供了坚实的理论和技术基础。

公司不断完善科技创新管理体系，先后承担了十多项国家、省、市级科技计划项目，完成了数十项科研成果的研发和转化，先后获得省、市科技进步奖 15 项，拥有 400 多项专利，其中发明专利 16 项（见表 5-22），有效促进了公司的产品结构调整和产业升级，奠定了瑞贝卡在中国发制品行业的龙头及标杆地位。攻克"不同聚合物组成与制造技术""多功能添加剂在纤维制造中的合成技术"等多项技术难题，研究开发"多功能腈纶改性纤维""阻燃聚丙烯腈仿毛发纤维"等多个纤维项目，填补了我国仿人发纤维材料空白，替代了日韩等国的进口产品，破解了我国发制品规模发展的瓶颈。公司有"胶原蛋白/PVA 复合仿毛发纤维""聚氯乙烯仿人发纤维""阻燃聚丙烯腈仿毛发纤维"等三项技术获得河南省科技进步二等奖。

表 5-22　公司授权发明专利

序号	名称
1	《假发发套高端定制集成智能制作方法》
2	《一种 PBT/PET 共混仿人发纤维及其制备方法》
3	《人工合成纤维后整理手感综合助剂及其制备、浸渍方法》
4	《纤维曲发定型粘合剂及制备方法和用其制备的假发》
5	《一种常压阳离子可染假发用聚酯及其纤维制备方法》
6	《人工合成纤维后整理平滑助剂及其制备、浸渍方法》
7	《一种制备假发用改性聚丙烯腈纤维的凝胶染色方法》
8	《人发纤维有机硅乳液硬挺剂》
9	《一种发用纤维后处理假捻装置的假捻方法》
10	《假发蓄光聚氯乙烯复合纤维和制备方法》
11	《一种超高压纺人工毛发用聚氯乙烯纤维的生产方法》
12	《一种发用聚氯乙烯纤维和方法》
13	《一种假发用皮芯式蛋白/聚丙烯腈复合物纤维和方法》
14	《一种用于腈纶湿法纺丝的着色方法》
15	《一种复合氮磷阻燃剂的假发用聚丙烯纤维及其生产方法》
16	《一种功能性改性腈纶发用纤维及其制备方法》

【案例：假发用纤维的更迭】 从开始的假发用聚氯乙烯纤维到耐高温阻燃聚酯纤维再到假发用功能性纤维，假发用纤维实现了逐步升级。其中聚酯纤维在成型度、曲度持久度、手感、拉直重缠、色泽等方面相比于聚氯乙烯、聚丙烯等材质表现出了卓越的性价比优势，随后又开发耐高温阻燃聚酯纤维，进一步奠定了瑞贝卡的行业领先优势。同时相继成功研发多种功能性发用纤维以适应市场的变化和需求，包含清凉型聚氯乙烯纤维、蓄光聚氯乙烯纤维、常温常压可染聚酯纤维、抗紫外线聚酯纤维、抗菌聚酯纤维、抗病毒聚酯纤维、感温变色聚酰胺纤维及蛋白复合纤维等，获得《一种常压阳离子可染假发用聚酯及其纤维制备方法》《一种PBT/PET共混仿人发纤维及其制备方法》等发明专利7个；抗菌聚酯纤维小试样品获得了美国、巴西等国家和地区顾客的认可。多种差异化、功能化发用纤维的推出上市，必将为发制品制造领域注入源源不断的升级换代动力。

经过多年积累，公司在行业内已形成核心技术壁垒，为其在行业内的竞争奠定了坚实基础（见表5-23）。

表5-23 公司部分核心技术及简介

技术名称	技术类型	简介
《一种复合氮磷阻燃剂的假发用聚丙烯纤维及其生产方法》	发明专利	本发明涉及化学技术领域,具体地说是一种复合氮磷阻燃剂的假发用聚丙烯纤维及其生产方法,具有无毒、抑烟、环境友好等特点
《一种发用聚氯乙烯纤维和方法》	发明专利	本发明涉及聚氯乙烯树脂制造人造长丝及类似物的技术领域,可以有效地抑制抗氧剂和抗UV剂造成的着色性能恶化,较长时间暴露在光和热的条件下不易褪色
《一种超高压纺人工毛发用聚氯乙烯纤维的生产方法》	发明专利	本发明涉及聚氯乙烯树脂制造人造长丝及类似物的技术领域,超高压纺丝技术的应用,将在很大程度上改善氯乙烯系树脂黏度大、流动性不佳的局面,使纺丝工艺简化,效率提高,成品性能优异

续表

技术名称	技术类型	简介
《一种发用纤维后处理假捻装置的假捻方法》	发明专利	本发明涉及一种发用纤维后处理假捻装置和方法,本发明结构更加简单,解决了满箱时裁剪、封箱的时间要求,整个假捻过程只需要30~45s就可以完成,通过本发明的假捻装置假捻的丝束,能够改变丝束内各单丝的方向,提高了纤维的弹性,减少丝束表面的毛丝现象,避免制品箱内丝束松散,出现缠丝现象
《人发纤维有机硅乳液硬挺剂》	发明专利	本发明涉及人发纤维有机硅乳液硬挺剂,本发明的硬挺剂能有效降低发丝表面张力,提高其防污性能,增加其滑爽度及弹性;添加氟取代基以后,能够降低人发纤维的吸潮效果,使现有手感更加持久及牢固,同时对硬挺度及弹性有更高贡献
《人工合成纤维后整理平滑助剂及其制备、浸渍方法》	发明专利	本发明涉及一种PET纤维后整理平滑助剂,本发明的后整理保湿助剂,浸渍使用简单方便,浸渍处理后具有抗静电性强、滋润滑爽、保湿持久性强的特点,生产设备简单,成本低
《一种制备假发用改性聚丙烯腈纤维的凝胶染色方法》	发明专利	本发明涉及一种制备假发用改性聚丙烯腈纤维的凝胶染色方法,采用本发明方法制得的有色纤维作为假发原材料使用,色泽鲜艳,色谱齐全,更易达到仿真效果
《一种常压阳离子可染假发用聚酯及其纤维制备方法》	发明专利	本发明涉及一种常压阳离子可染假发用聚酯及其纤维制备方法,本发明的聚酯能在常温常压下进行染色,且染色效果好
《纤维曲发定型粘合剂及制备方法和用其制备的假发》	发明专利	本发明涉及纤维曲发定型粘合剂及制备方法和用其制备的假发,得到的粘合剂可以用来制备假发,其在纤维表面形成透明有光泽的连续薄膜,柔韧且不黏手,在较低的用量下也能达到较高的定型能力和持久的卷曲保持性
《人工合成纤维后整理手感综合助剂及其制备、浸渍方法》	发明专利	本发明涉及人工合成纤维后整理手感综合助剂及其制备、浸渍方法,能与水任意比稀释,浸渍使用简单方便,特别是对人工纤维发有良好的处理效果,浸渍处理后持久具有柔软光滑、滋润保湿等多功能手感,生产设备简单,成本低
《一种PBT/PET共混仿人发纤维及其制备方法》	发明专利	本发明涉及一种PBT/PET共混仿人发纤维及其制备方法,通过特定的制备工艺将PBT和PET进行了共混,共混后不但降低了PBT纤维对于温度的依赖性,而且保留了PBT纤维手感柔软,吸湿性、耐磨性和纤维卷曲性好,且具有良好的染色性能的优点。能够使PBT纤维在仿人发纤维中得到更广泛的应用
《假发发套高端定制集成智能制作方法》	发明专利	本发明涉及假发发套高端定制集成智能制作方法,对假发发套的制作结合了现代高科技技术,采用了电脑智能操作,并通过3D打印技术对个人或标准模特进行头部扫描,这样具有更强的针对性,使人们佩戴发套后更加舒适、逼真。本发明也更多地采用了机械自动化的操作,这样不仅提高了生产效率,而且降低了工人的劳动强度

四　科学地开展技术开发与改造项目

（一）制订技术开发计划

公司实施技术领先战略，从专业高校、科研机构等多渠道获取技术信息，制订技术改造开发计划，增强公司的技术先进性和实用性，在实施中加强计划项目的技术、经济可行性论证，广泛征求行业专家意见，经过技术委员会评审，形成技术开发计划（见表5-24）。

表5-24　技术开发计划部分项目

项目类别	项目名称	立项年份
方法	一种常压阳离子可染假发用聚酯及其纤维制备方法	2019
	一种制备假发用改性聚丙烯腈纤维的凝胶染色方法	2019
	高仿真人发假发用耐高温聚酰胺类纤维及其制备方法	2019
	假发网帽前网印线工艺	2019
	仿人发丝功能蛋白纤维及其湿法纺丝方法	2021
	一种人工合成纤维后整理柔保剂的制备和浸渍方法	2021
	一种毛发纤维预处理助剂的制备与浸渍方法	2021
	一种可高温定型及反复加工的做卷纤维及制备方法	2021
系统	发用纤维定型机热蒸汽均布循环系统	2020
	PVC废丝按比例回收利用系统	2020
	发用纤维丝束不间断均匀上油系统	2020
	PET废丝回收利用系统	2020
	数云瑞贝卡产品分析系统	2021
研发	发用聚氯乙烯纤维制品研发	2019
	低亮度发用纤维制品研发	2019
	发用聚氯乙烯纤维制品研发	2020
	低亮度发用纤维制品研发	2020
	智能化N机化纤发条生产线研发	2021
装置	卷绕机配重块与拉杆防脱落连接结构	2019
	发用纤维卷绕机	2019
	假发发条自动化染色设备	2019
	电加热与蒸汽加热结合式假发染色水槽	2019
	流水线式假发发条梳理机	2019
	固定滚动式假发发条梳理装置	2019

项目类别	项目名称	立项年份
装置	假发发套帽围剪发装置	2019
	假发发条染色往复摆动式驱动装置	2019
	挤出机出口与纺丝箱进口连接弯管防爆裂电加热装置	2019
	高温丝生产线后处理工序储丝装置	2019
	方便切粒的分丝器装置	2019
	发用纤维防缠丝及防打滑导丝轮	2020
	发用纤维纺丝切片结晶床下料分散防粘结装置	2020
	废丝冷却剪切粉碎装置	2020
	纤维丝加捻防垂丝装置	2020
	假发制品干燥装置	2020
	卷曲机卷取后油剂不间断均匀喷油装置	2020
	螺杆造粒机机头加热装置	2020
	双组份喷丝板组件	2020
	卷绕机耐磨易更换导丝套组件	2020
	用于发制品干燥的易维修电加热装置假发丝束均匀上油装置	2020
	发用纤维退绕用筒管车	2020
	发制纤维后处理分丝辊筒分丝结构	2020
	发用纤维缠绕筒管中心孔防磨损结构	2021
	挤出机用颗粒物料防堵塞下料仓	2021
	一种用于锯齿状高收缩发用聚酯纤维的撕毛装置	2021
	一种发用纤维二次均化补油装置	2021
	挤出机进料口弯管易装拆装置	2021
	发用纤维限位导丝装置	2021
	发用纤维绳卷绕装置	2021
	发用纤维丝束拉力测试装置	2021
	发用纤维缠绕筒管用摆线装置	2021
	发用纤维均匀烘干装置	2021
	发用纤维喷油风干装置	2021
	假发制品生产过程中酸性雾气净化处理装置	2021
	挤出机变速箱润滑油冷却过滤装置	2021
	负压输送管道清理装置	2021
	刮板式粉料计量装置	2021
	发用纤维水浴成型及干燥装置	2021

（二）改进设计手段、实施项目管理及评价体系

近年来，公司不断改进并优化产品研发设计手段，通过产品研发项目制管理，保证项目组成员能全身心投入新品研发设计，同时在研发的每个阶段进行产品评审，保证新产品研发、打样、先行、大货顺利进行，并有效保证产品质量。

（三）持续改进与优化产品研发过程，不断满足顾客需求

产品研发部门致力于持续不断地研发改进产品和优化升级工艺，以降低生产成本、优化生产工艺流程、满足顾客需求为己任，在新材料、新工艺、新设备领域不断探索和创新（见表 5-25）。

表 5-25　项目改造效果对比（部分）

项目类型	部门	工艺	改进前	改进后
结合现有产品及部分工艺,研发改进小工具,加大小工具半自动化的实施,提能增效	国内研发部	压网机械化	1 张网定型人工成本 0.3 元、需 2 分钟	机械化成功预计可提升 2 倍效率
		刷胶自动化	1 张皮子工价 1.73 元	预计可提升 2 倍效率,提升皮子产品的均匀度和一致性,提升产品档次
	国内研发部工艺研发部	手缝机械化	缝 1 个钢卡人工成本为 0.28 元、需 2.5 分钟	引进钢卡缝纫机器,降低成本,机械化成功后效率最低可提高 2.5 倍
	化纤研发部	MICRO LOCK 盘丝工艺改进（手工盘丝改成机械化盘丝）	手工盘丝工价高、工时长,手工盘丝 100 克用时 4 分钟,且松紧度不一致可能导致下道工序发丝扯断,影响产品质量、产能,工价 0.8 元/条	机器盘丝 100 克用时 1 分钟,机器 1 人看管 5 个线管 5 条/分,工价 0.2 元/条,平均节约人工成本 0.6 元/条
	助剂研发部	电动油抽改造	灌装 1 吨产品需要 2 个小时	加装流量计,提高工作效率,节约 20% 的工作时间
对产品制作过程引入机械化和半机械化,在确保产品稳定性的同时,降低人工成本	化纤研发部	RYD 项目	原丝需经过后期加工造型才能形成产品	联合原丝厂研制全新成型丝,直接裁剪包装推向市场,节省人工,提高生产效率
		三股辫产品	人工 1 小时编辫 20 条,20 条×20 小时 = 400 条	机器按 100 头 1 小时 100 条计,100 条×20 小时 = 2000 条,产能提升了 400%

续表

项目类型	部门	工艺	改进前	改进后
新的染色技术的引进及应用	化纤研发部 国际假发研发部	全新彩印项目	样品每 100 克的染色成本为 3.2 元,3 色染色成本约 10 元(3×3.2=9.6 元),且 3 色及以上的染色(4 色、5 色、6 色)的产品染色难度较大,成本更高	购入全新印染设备,3 色及以上的所有颜色(4 色、5 色、6 色)价格均为 7 元,每染 100 克样品均可节省 3 元

（四）产品制作过程引入机械化和半机械化，在确保产品稳定性的同时，降低人工成本

公司从 2012 年开始逐步研究并引进机械化设备应用到产品研发上，通过不断尝试、改进和创新，目前正在向全自动可出成品的机械化迈进（见图 5-11）。

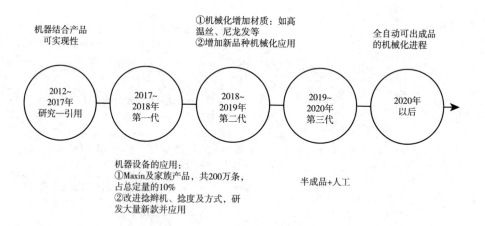

图 5-11　公司机械化进程

第五节　基础设施

基础设施是公司存在和发展的基础，即企业所拥有的厂区、仓库、办公建筑、生产设备等，对确保产品质量、产量、环境、安全和员工的职业健康安全均起重要作用，是企业战略规划和生产经营的关键资源。

一　优化基础设施配置，满足过程管理

公司根据发展战略和过程管理的需要，对固定资产及配套设施的使用情况进行检查，对市场需求量与生产能力进行权衡，以满足顾客的要求。依靠科学严谨的组织管理，利用生产能力评估确定基础设施需求，根据生产经营计划来确定基础设施的投资规模和方向。

（一）纤维生产线

许昌尚集高档发用聚氯乙烯纤维生产基地成立于 2008 年 1 月，是瑞贝卡股份公司为完善产业链而投资建设的发制品纤维新材料生产项目。填补了我国高档仿人发纤维生产的技术空白，改变了高档发制品新材料长期依赖进口、受制于人的局面。另外，通过技术改造与创新，不但降低了生产成本，而且有效提高了产品的附加值，促进了整个发制品产业升级，为提升发制品行业的科技含量与核心竞争力提供了强有力的支撑。同时，该项目也是公司着力培育的又一经济增长点，已成为公司的一大亮点工程。目前，该项目有低温丝 5 条生产线 9 个品种 50 多个色号、高温丝 3 条生产线 11 个品种，合计年产能 5000 吨，未来产能力求达到 8000~10000 吨。

继自主研发聚氯乙烯发用纤维后，公司进一步加大研发力度，稳步夯实领先优势，通过自主研发，成功开发并量产假发用耐高温阻燃聚酯纤维，进一步奠定了行业领先优势。该项目共有 3 条聚酯纤维生产线投入生产运营，年生产能力达 3000 吨，且具备后续扩产能力。

（二）专用生产设备

发制品的生产有着较为复杂的工艺过程，需要使用多种专用设备（见表 5-26）。

表 5-26　公司生产设备（部分）

设备名称	设备特性/先进性	设备名称	设备特性/先进性
一体成型设备	此机器替代了手工缠管，使产能有大幅度提高。现开发并投产实现不同曲度的品名达 50 多种	混合机	使原辅料混合均匀
微波烘干机	烘干速度快，效率高，环保节能；独特的入、出料口设计能有效分离干品与杂物，降低下道工序的繁琐程度和人员的劳动强度；节省人力资源	自动漂染生产线	使一批产品的过酸、中和、氧化、漂洗、染色多工序一机完成，节约水、气、药品，产品流失量小，成品率高
高浓度输送	将原料输送到挤出机	后纺设备	原丝拉伸定型成箱
挤出机	使原料高温熔融吐丝	引取卷取机	丝束卷取到筒管中
三联机	按照算料卡上标准，分档次、量毛长、色号，把发把排成密度均匀的发帘	高针机	根据作业指导书，将发帘扎到发帽上，组合成一顶完整的假发头套
牙克机	将发条经过卷管后产生一定的纹理，经过定型后达到一定蓬松度	定型柜	将缠管或编辫后的发条经过高温达到特定的形态
数控捻线机	将钴辘丝通过机器上劲后产生一定的曲度，根据所要产品的曲度大小，通过调整机器的捻度达到特定的效果	自动加捻机	根据产品的粗细，通过调整原丝根数和调整机器的捻度、上劲加捻，从而达到效果
N 机	在不同的工艺参数、不同的喷管型号、不同温度条件下，生产多元化假发产品，形成集信息化、智能化、数字化于一体生产车间	四工位编织机	在不同的工艺参数、不同的加工方式、不同捻度条件下，生产多元化假发产品，达到信息化、智能化、数字化，提升工效，节省人工

（三）检测设备

公司技术试验线共 2 条，分别为低温丝试验线及高温丝试验线。低温丝试验线主要研究 PVC 材质相关品种的开发，研发的 9 个品种 50 多个色号已投入生产；高温丝试验线主要研究 PET 材质相关品种的开发，研发的 11 个品种 40 多个色号已投入生产，部分品种的原丝手感接近人发，在市场上很畅销。

纤维部实验室现有十几台相关检测设备（见表 5-27），检测项目包括原材料粒度大小，白度，熔融，原丝的摩擦、弹性、截面、氧指数、色谱等相关光学、力学方面。实验室不但承担瑞贝卡本公司的原丝研究，同时承接外部相关样品的检验。

表 5-27　公司检测设备（部分）

设备名称	设备简介
原子吸收光谱仪	原子吸收光谱仪可测定多种元素,火焰原子吸收光谱法可测到 $9\sim10g/mL$ 数量级,石墨炉原子吸收法可测到 $10\sim13g/mL$ 数量级。其氢化物发生器可对汞、砷、铅、硒、锡、碲、锑、锗等 8 种挥发性元素进行微痕量测定。仪器从光源辐射出具有待测元素特征谱线的光,通过试样蒸气时被蒸气中待测元素基态原子所吸收,由辐射特征谱线光被减弱的程度来测定试样中待测元素的含量。因原子吸收光谱仪的灵敏、准确、简便等特点,现已广泛用于冶金、地质、采矿、石油、轻工、农业、医药、卫生、食品及环境监测等方面的常量及微痕量元素分析
扫描电子显微镜	高性能、功能强大的高分辨应用型扫描电子显微镜。主要用于材料领域、生命科学领域。显微镜采用多接口的大样品室和艺术级的物镜设计,提供高低真空成像功能,可对各种材料表面作分析
激光粒度分析仪	通过特定角度测得的光能与总光能的比较,推出颗粒群相应粒径级的丰度比例量的仪器。通过机械搅拌使样品均匀散开,超声高频振荡使团聚的颗粒充分分散,电磁循环泵使大小颗粒在整个循环系统中均匀分布,激光照射到样品后将产生光散射信号,光电探测器阵列将光散射信号转变成电信号,输送到电脑中,进行数据处理得到粒度分布结果
同步热重分析仪	一种可以同时执行差式扫描热量（DSC）和热重分析（TGA）的分析仪器。该仪器可以测量从室温到 $1000℃$ 的温度范围内材料内部的转变和反应相关的热流和重量的变化;所提供的信息为不含重量变化的吸热事件和放热事件
纤维强伸长仪	检测纤维的断裂伸长及断裂强力

物检室主要承担原丝物理性质的相关检验，检验项目包括原丝的断裂强力、断裂伸长率、油剂附着量、干热收缩率等方面，相关检测设备包含油剂抽出器、水分仪、强度伸长仪等，每年检测样品10000余次，对生产原丝质量稳定性有很好的引导和规范作用。

国家发制品及护发用品质量监督检验中心设在许昌市，是国家市场监督管理总局批准筹建、具有第三方公正性地位、代表国家在发制品及护发用品（化妆品）领域最高质量检测技术水平的公共技术服务平台。中心拥有气质、液质、ICP、ICP-MS、耐光耐日晒测试仪，电子拉力万能材料试验机、电动摩擦色牢度试验仪、致病菌快速筛选仪、红外光谱仪、元素分析仪、氨基分析仪等70余台（套）国际知名的仪器设备，总价值2300余万元，目前可开展发制品、化妆品、发制品原辅材料3大类39种产品和200多个理化性能、有害物质、微生物等参数的检验检测工作。公司与该中心有着良好的合作关系，可开展公司产品委托检验和国家发制品及护发用品质量监督检验中心的监督检验（监督检验的时间和频次由中心决定），是对公司检测设备和检测能力的重要补充。

二 健全维护保养制度，提高基础设施的利用效率

公司对基础设施的使用寿命、周期，实施预防性和故障性维护保养制度，建立了《设备台账》《设备档案》《设备保养计划》《设备维护记录》等。制订和实施更新改造计划，不断提高基础设施的技术水平（见表5-28）。

表5-28　设备预防性维护保养

主要内容	范围	责任人	特点
三级维护保养	生产设备	操作者维修工	日保：操作者为主，维修工检查 周保：操作者为主，设备管理员、维修工指导、检查 月保：操作者为主，设备管理员、维修工协助、指导、检查
点检	关键设备	操作者	操作者班前按标准对设备进行点检，维修工根据点检结果进行维护

根据公司现有设备的数量、安全性和生产质量的重要性，设备安全环保处罗列出 24 类重要设备，并分析出设备检修的主要部件和检修周期，各部门根据设备安全环保处下发的《重要设备设施检修周期计划表》和《部门月度作业计划表》填写《月度设备检修卡》。

三 制订更新改造计划，提高基础设施的技术水平

公司为满足产品升级换代、提高产品质量、降低能耗和物耗、安全环保及生产工艺的要求，提高设备综合效能，对基础设施满足顾客和市场要求的能力进行了自我评价，及时制订设备更新改造计划，并对计划项目进行市场、技术、经济、环保和安全等方面的可行性论证，以提高基础设施的技术水平，更好地适应公司发展的需要（见表5-29）。

表 5-29　基础设施更新改造项目举例

项目	效益
卷牙克机	改进机器工艺,一车间取消一次整毛工序,二车间取消卷牙克、牙克定型
化纤染色机	自动染色机在工序中替代了人工摆杆,每台机器能够在人员成本上面节省一个人的开支。降低操作工人生产劳动强度,改进了工作方法,有效提高了工作效率,相应间接改善了染色工人的工作环境,确保生产安全健康平稳进行
自动编辫机	自动编辫机是自产品设计开发的源头起,便结合生产工艺所需研究改进的机器,与产品匹配度高。操作简单,节省部分人工,生产效率得到大幅提高。生产出来的产品,质量均衡,产品一致性较好,次品率低
自动编程发卡机	机器操作简单,效率大幅提升,生产成本降低。生产效率从 30 个/小时提高到 100 个/小时
自动去毛球机	去毛球机已经购进并投入使用,效率测算为每天 300 套(平均条长 400 寸),每套挑毛疙瘩工价 0.15 元
激光裁剪机	将发网根据模型裁剪成需要的形状,由原来的手工替换成机器,使产品规格更加标准
熨烫机	将带有曲度的发条经过机器加热后直接拉直,由机器操作代替人工作业,从而降低劳动强度,提高劳动效率

四 重视环境治理和健康安全的设施保障

公司时刻关注基础设施对环境及对员工健康安全的影响，严格实行环境、职业健康、安全"三同时"方针，进行环境保护验收监测、职业病危害控制效果评估及安全评价，从源头上预防环境和职业安全问题的发生。同时，公司每天利用晨会时间，加强安全生产知识的宣传与灌输，实施现场管理，定期组织安全检查并跟进安全隐患的整改。

（一）设备安全制度建设与风险识别

1. 建立安全制度

公司制定、发布了《设备安全操作规程汇编》，安全操作规程共81项，全面覆盖了生产的各个环节。

2. 对生产过程中环境因素和危险因素进行识别和辨识

全面识别车间岗位或工序中的环境因素及影响类型，明确控制措施（见表5-30）；辨识危险因素可能造成的危害，制定控制措施（见表5-31）。

表5-30 环境因素识别表（举例）

JL/SC-5.4.3-01   编号：RFB00-01-00001

序号	车间	岗位或工序	环境因素	环境影响类型	控制措施
1	人发假发部一车间	整毛、双针	电的消耗	能源的消耗	《人发假发部用电控制管理规定》
2	人发假发部一车间	整毛、双针	复写纸废弃	资源的消耗	《人发假发部固体废弃物控制管理规定》
3	人发假发部一车间	整毛、双针	电池废弃	固体废弃物	《人发假发部固体废弃物控制管理规定》
4	人发假发部一车间	整毛、双针	笔芯废弃	固体废弃物	《人发假发部固体废弃物控制管理规定》
5	人发假发部一车间	整毛、双针	报纸杂志废弃	固体废弃物	《人发假发部固体废弃物控制管理规定》

续表

序号	车间	岗位或工序	环境因素	环境影响类型	控制措施
6	人发假发部一车间	整毛、双针	凳子废弃	固体废弃物	《人发假发部固体废弃物控制管理规定》
7	人发假发部一车间	整毛、双针	旧计算器废弃	固体废弃物	《人发假发部固体废弃物控制管理规定》
8	人发假发部一车间	整毛、双针	电棒管废弃	固体废弃物	《人发假发部固体废弃物控制管理规定》
9	人发假发部一车间	整毛、双针	机器噪声排放	噪声污染	《人发假发部噪音排放控制管理规定》
10	人发假发部一车间	整毛、双针	纸箱废弃	资源的消耗	《人发假发部固体废弃物控制管理规定》
11	人发假发部一车间	整毛、双针	尺子废弃	固体废弃物	《人发假发部固体废弃物控制管理规定》
12	人发假发部一车间	整毛、双针	口罩废弃	固体废弃物	《人发假发部固体废弃物控制管理规定》
13	人发假发部一车间	整毛、双针	机油泄漏	固体废弃物	《人发假发部固体废弃物控制管理规定》
14	人发假发部一车间	整毛、双针	扫帚、拖把废弃	固体废弃物	《人发假发部固体废弃物控制管理规定》
15	人发假发部一车间	整毛、双针	纸张废弃	固体废弃物	《人发假发部固体废弃物控制管理规定》
16	人发假发部一车间	整毛、双针	切割机噪声排放	噪声污染	《人发假发部噪音排放控制管理规定》
17	人发假发部一车间	整毛、双针	线手套废弃	固体废弃物	《人发假发部固体废弃物控制管理规定》
18	人发假发部一车间	整毛、双针	抽风机噪声排放	噪声污染	《人发假发部噪音排放控制管理规定》
19	人发假发部一车间	整毛、双针	机针废弃	固体废弃物	《人发假发部固体废弃物控制管理规定》
20	人发假发部一车间	整毛、双针	皮筋废弃	固体废弃物	《人发假发部固体废弃物控制管理规定》
21	人发假发部一车间	整毛、双针	胶油气味排放	大气污染	《人发假发部胶油等排放控制管理规定》《大气污染控制管理规定》

续表

序号	车间	岗位或工序	环境因素	环境影响类型	控制措施
22	人发假发部一车间	整毛、双针	镜子废弃	固体废弃物	《人发假发部固体废弃物控制管理规定》
23	人发假发部一车间	整毛、双针	刀片废弃	固体废弃物	《人发假发部固体废弃物控制管理规定》
24	人发假发部一车间	整毛、双针	推车车轮废弃	固体废弃物	《人发假发部固体废弃物控制管理规定》
25	人发假发部一车间	整毛、双针	梳子废弃	固体废弃物	《人发假发部固体废弃物控制管理规定》
26	人发假发部一车间	整毛、双针	再生布废弃	固体废弃物	《人发假发部固体废弃物控制管理规定》
27	人发假发部一车间	整毛、双针	三角带废弃	固体废弃物	《人发假发部固体废弃物控制管理规定》
28	人发假发部一车间	整毛、双针	火灾发生	大气污染	《人发假发部火灾应急预案》
29	人发假发部一车间	车间办公室	火灾发生	大气污染	《大气污染控制管理规定》
30	人发假发部一车间	车间办公室	水的消耗	资源的消耗	《人发假发部节约用水管理规定》
31	人发假发部一车间	车间办公室	电的消耗	资源的消耗	《人发假发部节约用电管理规定》
32	人发假发部一车间	车间办公室	复写纸废弃	固体废弃物	《人发假发部固体废弃物控制管理规定》
33	人发假发部一车间	车间办公室	笔芯废弃	固体废弃物	《人发假发部固体废弃物控制管理规定》
34	人发假发部一车间	车间办公室	凳子废弃	固体废弃物	《人发假发部固体废弃物控制管理规定》
35	人发假发部一车间	车间办公室	旧计算器废弃	固体废弃物	《人发假发部固体废弃物控制管理规定》
36	人发假发部一车间	车间办公室	电棒管废弃	固体废弃物	《人发假发部固体废弃物控制管理规定》
37	人发假发部一车间	车间办公室	纸张废弃	固体废弃物	《人发假发部固体废弃物控制管理规定》
38	人发假发部一车间	车间办公室	氟利昂泄漏	大气污染	《大气污染控制管理规定》
39	人发假发部一车间	车间办公室	扫帚、拖把废弃	固体废弃物	《人发假发部固体废弃物控制管理规定》

表 5-31 危险因素辨识（举例）

JL/SC-5.4.4-01   编号：RFB00-01-00001

序号	车间	岗位或工序	危害因素	可能造成危害	控制措施
1	人发假发部一车间	整毛、双针	火灾发生	人员伤亡 财产损失	《人发假发部火灾应急预案》
2	人发假发部一车间	整毛、双针	缝纫机噪声排放	人体伤害	《人发假发部噪音排放控制管理规定》
3	人发假发部一车间	整毛、双针	胶油挥发气体排放	人体伤害	《人发假发部胶油挥发排放控制管理规定》
4	人发假发部一车间	整毛、双针	压曲机操作不当	人体伤害	《安全作业控制管理规定》
5	人发假发部一车间	整毛、双针	切割机伤人	人体伤害	《安全作业控制管理规定》
6	人发假发部一车间	整毛、双针	电机漏电	人体伤害	《人发假发部触电伤人应急预案》
7	人发假发部一车间	整毛、双针	切割机噪声排放	人体伤害	《安全作业控制管理规定》
8	人发假发部一车间	整毛、双针	缝纫机伤人	人体伤害	《安全作业控制管理规定》
9	人发假发部一车间	整毛、双针	高温烫伤	人体伤害	《人发假发部职业危险事故应急救援控制管理》
10	人发假发部一车间	整毛、双针	剪刀伤人	人体伤害	《安全作业控制管理规定》
11	人发假发部一车间	整毛、双针	推车伤人	人体伤害	《安全作业控制管理规定》
12	人发假发部一车间	整毛、双针	筐子伤人	人体伤害	《安全作业控制管理规定》
13	人发假发部一车间	整毛、双针	员工上下班意外伤害	人员伤亡	《职工交通安全公约》
14	人发假发部一车间	整毛、双针	订书机伤人	人体伤害	《安全作业控制管理规定》
15	人发假发部一车间	整毛、双针	楼梯滑倒	人体伤害	《安全作业控制管理规定》
16	人发假发部一车间	整毛、双针	刀片伤手	人体伤害	《安全作业控制管理规定》
17	人发假发部一车间	整毛、双针	高处坠物	人体伤害	《安全作业控制管理规定》
18	人发假发部一车间	整毛、双针	设备维修伤害	人体伤害	《安全作业控制管理规定》
19	人发假发部一车间	整毛、双针	电棒高空坠落	人体伤害	《安全作业控制管理规定》
20	人发假发部一车间	整毛、双针	触电伤人	人体伤害	《人发假发部触电伤人应急预案》
21	人发假发部一车间	整毛、双针	电推子使用不当	人体伤害	《安全作业控制管理规定》
22	人发假发部一车间	整毛、双针	升降机坠落	人体伤害	《人发假发部液压升降平台作业控制管理规定》

序号	车间	岗位或工序	危害因素	可能造成危害	控制措施
23	人发假发部一车间	整毛、双针	电车伤人	人体伤害	《职工交通安全公约》
24	人发假发部一车间	车间办公室	电棒管脱落	人体伤害	《安全作业控制管理规定》
25	人发假发部一车间	车间办公室	电磁波辐射	人体伤害	《安全作业控制管理规定》
26	人发假发部一车间	车间办公室	电源漏电	人体伤害	《安全作业控制管理规定》
27	人发假发部一车间	车间办公室	地面光滑滑倒	人体伤害	《安全作业控制管理规定》
28	人发假发部一车间	车间办公室	订书机伤人	人体伤害	《安全作业控制管理规定》
29	人发假发部一车间	车间办公室	剪刀伤人	人体伤害	《安全作业控制管理规定》
30	人发假发部一车间	车间办公室	火灾发生	人员伤亡财产损失	《人发假发部火灾应急预案》
31	人发假发部一车间	车间办公室	员工上下班意外伤害	人员伤亡	《职工交通安全公约》
32	人发假发部一车间	车间办公室	电车伤人	人体伤害	《职工交通安全公约》

3. 人员培训和日常检查

编制安全教育培训教案，开展部门培训，增强员工安全意识，确保无工伤事故发生。

（二）设备安全体系建设与实施

1. 制定目标责任书

设备安全环保处与公司签订目标责任书，明确目标任务及重点工作，细化目标、指标的考核办法及标准，形成《安全环保处月度、年度目标指标绩效考核表》。

2. 环境治理和健康安全设施建设

投资建设环保设备，确保四废排放符合国家标准。在设施运行中，定期开展环境和安全问题监测，由设备安全环保处编制实施方案，各相关单位进行整改。制定《特种设备应急预案》，有效预防、及时控制和消除突发性特种设备事故的危害，维护公司员工和财产安全。

3. 加强风险提示，贯彻安全教育

印制张贴操作规程，识别环保设备的安全风险点，制作设施安全风险分布图，确保各类污染物在出厂前得到有效处理，废水、废气、固体废物、噪声检测合格率达 100%。

第六节　相关方关系

一　供应商

公司在全球寻找优秀供应商，对供应商坚持"平等互利、合作双赢"的指导思想，形成了量化考核、择优汰劣的运行机制。在此基础上，根据供应商的供应量、质量及信誉度，对供应商进行分类管理（见图5-12）。同时，在资金、技术、管理上对供应商给予积极扶持和帮助，确保供应商持续发展。公司与多家供应商建立了长期战略合作伙伴关系，如厂家 Gupta Enterprises、Denki Kagaku Kogyo K.K.、Sung Jin Industrial Co., Ltd.、许昌市德龙包装有限公司、巴陵石油化工有限责任公司、青岛科瑞达精细化工有限公司等。

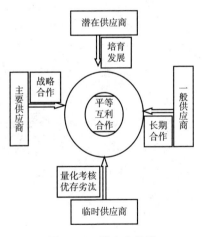

图 5-12　供应商分类

公司每半年对供应商进行一次评价。根据评价结果，将供应商分为 A 级（战略）、B 级（重要）、C 级（一般）三个级别，供应商的评价结果将作为确定与其后期合作计划的重要参考。建立供应商资料库，加强与供应商在日常采购行为中的沟通，鼓励供应商提供新技术、新材料、新工艺，增强公司供应链的竞争力，实现公司与供应商共同发展。

【案例1：许昌鸿发发制品有限公司】为了响应公司的发展，公司自产的帽皮需要外购，采购部和技术部结合，积极推进外购帽皮的落实。前期经过多家厂家的沟通打样，初步选定许昌鸿发发制品有限公司的两款帽皮产品作为公司的外购产品；技术部和厂家也进行了多次沟通，并派技术人员去厂家指导。在此之前许昌鸿发发制品有限公司主营国产辅料，鲜少涉及帽皮制作加工。许昌鸿发发制品有限公司和瑞贝卡公司于2019年7月开始合作，2020年帽皮采购金额较上年增长43倍。同时许昌鸿发发制品有限公司为了满足瑞贝卡公司逐步扩大的帽皮量需求，除了许昌的生产基地，在湖北也设立了帽皮生产基地。随着许昌鸿发发制品和瑞贝卡公司的进一步合作，2021年帽皮采购金额较上年增长3.6倍。

【案例2：上海上工公司】瑞贝卡国内假发部生产需要开发一款机械缝制的发卡机设备来替代人工缝制。国内假发部设备人员和采购部沟通后拿出初步方案，积极联系上海上工公司，根据生产使用要求及操作流程要点进行探讨研发，在研发中不断论证改进，最终成功研发一款假发全自动编程发卡机。这一项目的成功是假发行业缝制操作的新起点，也为公司提高了生产效率、降低了生产成本。原人工成本4人，使用该设备只需要1人；发帽手工缝制2个/分钟，该设备缝制15个/分钟。全自动发卡机缝制的发帽产品纹路统一、整齐、整洁，合作厂家也为自己开发的这款产品拓宽了新的销售市场，实现了生产效益双赢。

二　加强与相关方的关系，共同发展

均衡考虑相关方的需要，建立与相关方和谐沟通的环境（见表5-32）。

表 5-32 相关方关系

相关方		与相关方的关系
股东		将股东作为公司合作经营的重要投资者,邀请其到公司考察,增进了解
顾客	加盟商/经销商	优化经销商网络,确保顾客满意,共同开拓市场,形成战略联盟
	电子商务平台	完善渠道布局,增进线上和线下融合,提升店铺运营质量和渠道控制力
供方	原材料	与供应商建立良好的战略合作关系,以满足公司发展战略需要,实现互利双赢、共同发展
	物流	

三 广借外力，联合开发

为了把握国际流行趋势，公司高层领导以及海外营销部门相关人员和研发设计师多次前往国外市场考察，重金聘请美国行业内高端技术人员，定期和国内技术人员视频交流产品开发，并定期来访进行现场指导。在北京设立发型研究中心，并与东田造型、托尼盖等知名美发机构建立战略合作关系，收集和反馈前沿市场信息。加深对时尚行业的了解，获取创作设计灵感，做好前期的产品策划，将流行元素运用到新产品设计中来（见图 5-13）。

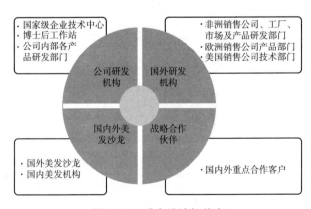

图 5-13 联合设计相关方

四 与其他相关方建立良好关系

公司注重与政府、消费者、银行、媒体、明星、网红建立良好合作关系，推动和促进双向交流，以满足公司的品牌宣传需求，实现紧密合作，互利共赢，共同发展。通过对电视、报纸、网络、微信等多种媒介手段的综合运用，实现品牌建设和宣传的最大价值。

第六章
卓越过程管理：企业价值创造与实现路径

围绕"两个拥有"的战略目标，针对品牌建设、产品设计、市场开发、新技术新工艺研究等一系列需要严格控制且不断进行升级改进，认真分析识别生产经营中的价值创造过程和关键支持过程，按照成本最低的原则规范生产经营中各过程的实施与改进，达到各过程相互支持、共享改进和发展成果的目的，确保战略目标的实现。

第一节 过程的识别与设计

公司基于发制品行业特点，围绕价值链增值，向全产业链延伸，培育未来成功要素，识别关键过程和相关方要求，并将相关方要求转化为关键过程要求，结合自身资源，进行关键过程的设计。

一 过程的识别

公司基于迈克尔·波特的价值链理论，将公司活动分为两大类：价值创造活动和支持活动。在全过程识别基础上，考虑与核心竞争力的关联程度，召开公司研讨会，与专家一起进行评价打分，确认总分60分及以上为关键过程。采用POS流程规划法，根据行业特点和战略要求，依据生产经营过程对公司全过程进行梳理，确定了原材料采购过程、产品研发与设计过程、生产过程、营销服务过程为价值创造过程，财务管理过程、信息管理过程、人力资源管理过程、设备管理过程、质量管理过程、安全环保管理过程为关键支持过程（见表 6-1、图 6-1）。

表 6-1　全过程与核心竞争力的关联程度

单位：分

过程	领导团队	市场地位	品牌影响	技术创新	工厂运营	质量管理	设施设备	员工发展	综合得分
产品研发与设计	●	●	●	●	○	●	▲	●	84
营销服务	●	●	●	○	●	●	▲	●	84
生产	●	○	○	▲	●	●	●	●	80
信息管理	●	●	●	▲	○	●	○	●	80
原材料采购	●	○	○	○	●	●	▲	●	76
质量管理	●	○	●	○	●	●	▲	●	76
人力资源管理	●	●	●	●	○	●	▲	●	72
设备管理	●	▲	▲	●	●	●	●	●	72
安全环保管理	○	○	○	●	●	●	●	○	72
财务管理	●	●	▲	●	○	▲	○	●	68
公共关系	●	○	○	●	▲	▲	▲	●	56
行政后勤	●	○	○	▲	▲	▲	▲	●	56
法务管理	●	○	▲	▲	▲	▲	▲	●	52
文化建设	●	○	▲	▲	▲	▲	▲	●	52

注：●强相关 12 分；○相关 8 分；▲弱相关 4 分。

（一）产品研发与设计过程

产品研发与设计过程是公司核心竞争力的重要组成部分，直接关系到公司战略目标的实现。通过不断推出新产品，满足顾客个性化和多样化需求，在时间和技术上领先竞争对手，抢占市场先机，实现企业盈利持续稳定增长。

（二）原材料采购过程

人发原材料由于价值比较高、市场使用量和需求量较大、生长周期比较长，因此显得更加珍贵，所以规范人发采购过程，对降低企业成本、提高整体经济效益起着至关重要的作用。

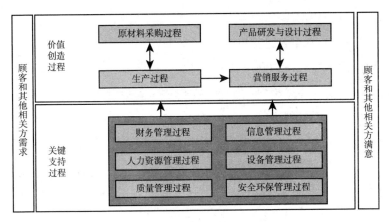

图 6-1　公司全价值链分析

（三）生产过程

生产过程是资本转化为产品的直接过程，是向顾客及时提供高品质、低成本的产品，实现公司资本增值的关键过程。

（四）营销服务过程

把超越顾客需求的产品和体贴入微的服务提供给顾客，增强顾客的认同感，带动产销量并最终实现资本的增值。

（五）人力资源管理过程

招聘、培训、客观公正的考核、全面有效的激励、顺畅的职业发展通道等为公司留住了人才，对公司稳步向前发展、实现战略目标起到关键性支持作用。

（六）财务管理过程

财务管理过程是保证资金供应、提高资产效能、降低生产成本的重要过程。

（七）设备管理过程

设备管理过程是确保生产设备运转良好、充分发挥设备效能、满足生产需求的过程。确保设备性能可靠、健全管理制度、及时维护、降低故障率、降低综合成本，为公司经营提供装备保障。

（八）信息管理过程

及时、准确、完整获取企业内外部信息，并完整准确地传递给员工、顾客、合作伙伴及相关方。通过信息化管理系统运行管理，实现高效运营，降低成本，同时为公司决策提供依据。

（九）安全环保管理过程

实施清洁生产，合理利用资源，带来环境效益；对生产过程中各种危险源进行控制，实现安全生产；保障员工健康，实现安全效益。

（十）质量管理过程

质量是企业的生命，质量管理过程贯穿于市场分析、产品开发设计、生产制造、市场营销和售后服务等各个环节，是提升企业竞争力的重要过程。

二 关键过程要求的确定

公司依据战略、产品及服务特点，收集顾客及其他相关方的信息，将相关方要求转化为关键过程要求（见表6-2、表6-3），根据公司战略规划分解的KPI，明确过程控制的主要控制指标，确保其清晰并可测量。

表6-2 价值创造过程的要求确定

过程	主要要求	主要绩效指标		统计部门	责任部门
产品研发与设计	以市场需求为目标，使用新技术、新材料、新工艺，使公司产品技术达到国际先进水平	新产品开发计划完成率		统计部	研发中心
		新产品产值率			
		专利数			
		新产品接单量			
原材料采购	确保原材料质量合格、供货及时	人发采购量	辫发	财务中心	工艺公司
			泡发		
		印度发采购量	长档		
			短档		
		采购质量合格率		质量管理中心	采购部
生产	保质、保量、按时交货，完成公司的各项任务指标	制造费用控制		财务中心	各生产实体部门
		生产任务达成率		统计部	
		产品准时交货率		质量管理中心生产管理部	
		一次交验合格率		质量管理中心	
		人工成本控制率		质量管理中心	

续表

过程	主要要求	主要绩效指标	统计部门	责任部门
营销服务	提高顾客满意度和忠诚度	市场占有率	营销中心	营销中心
		顾客满意度	营销中心	营销中心 质量管理中心 生产管理部
		销售计划完成率	统计部	营销中心
		顾客投诉问题发生次数	营销中心	营销中心
		店面拓展数	营销中心	营销中心
		电商评价评分高于同行业平均水平	营销中心	营销中心

表 6-3　关键支持过程的要求确定

过程	主要要求	主要绩效指标	统计方法	责任部门
安全环保管理	安全第一、预防为主、节能、降耗、减污、增效	环保达标排放率	统计分析	设备安全环保处
		轻伤事故率		
		资源利用率		
人力资源管理	获取合格人才、全员素质提升、客观公正考核、职业发展通道顺畅	员工流失率	统计分析 问卷调查	人力资源部
		全员劳动生产率		
		员工满意度		
财务管理	提高资产效能、降低产品成本	总资产利润率	SAP 系统	财务中心
		成本费用利润率		
		流动资产周转率		
质量管理	质量第一，从头做起；精益求精，一丝不苟	产品抽验合格率	统计分析	质量管理中心
		原、辅材料抽验合格率		
		一次交验合格率		
信息管理	及时、准确、完整、集成、安全	故障处理及时率	SAP 系统	信息化管理部
		数据及时率		
		系统可靠率		
设备管理	设备完好、可靠、适用、高效	主要设备完好率	统计分析	设备安全环保处
		设备利用率		

· 161 ·

三　依照过程要求开展过程设计

公司基于关键过程的要求，综合考虑质量、安全、周期、生产率、节能降耗、环境保护、成本控制及其他效率和有效性等因素，以控制管理规范化、过程效率最高化、满足要求充分化为原则，明确各关键过程设计理念，导入先进管理模式，积极采用新技术、新工艺及各种理论工具，运用乌龟图对关键过程进行设计，形成流程图、程序文件、制度等（见图6-2）。

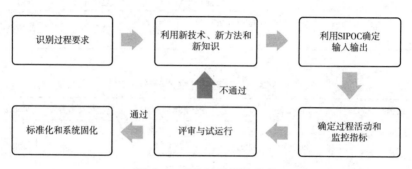

图6-2　关键过程设计方法

企业不仅要实现自身的发展目标，还要不断地满足顾客对产品的新需求，为给顾客提供持续稳定的优质产品和服务，公司在关键过程设计中不断引进和自行开发新技术、新工艺、新设备、新材料、新信息技术（见表6-4）。

表6-4　关键过程设计中主要采用的"五新"应用

项目	应用	技术水平
新技术	PBT/PET 共混仿人发纤维生产技术	国内领先
	常压阳离子可染假发用聚酯纤维生产技术	国内领先
	假发用改性聚丙烯腈纤维的凝胶染色生产技术	国内领先
	发用聚氯乙烯纤维生产技术	国内领先
	超高压纺人工毛发用聚氯乙烯纤维生产技术	国内领先
	复合氮磷阻燃剂的假发用聚丙烯纤维生产技术	国内领先
	假发用蓄光聚氯乙烯复合纤维生产技术	国内领先

续表

项目	应用	技术水平
新设备	PVC 发用纤维材料全自动生产线	国内领先
	多功能腈纶纤维材料全自动生产线	国内领先
	色发漂染机	业内领先
	YK 机	业内领先
	档发机	业内领先
新材料	多功能腈纶改性纤维	填补国内空白
	阻燃聚丙烯腈仿毛发纤维	填补国内空白
新工艺	新助剂：人发蒸油、人发综合油 501& 505、化纤大综合 Z3、自制化纤护发素、自制抗静电剂、国内售后多功能护理液	国内领先
	工艺发条：脏辫机扎工艺、M 发染色工艺、STW&YK 定型柜烘蒸工艺、YK 水蒸气熏蒸工艺	国内领先
	化纤发条：机器替代手工缠管工艺、仿真 LOCS 工艺、TM 机+N 机替代手工捻辫工艺、机械化一体成型工艺	国内领先
	国际假发：竖卷 YAKI 工艺、逼真 LACE 系列工艺、烫染工艺、刷染工艺、克林普工艺、DIY 头套工艺	国际领先
	国内假发：抗菌弹力冰丝帽工艺、拼接多功能帽型工艺、特色染色工艺（挂耳染、爆顶染、刘海染、斑马纹）	国内领先
新信息技术	百盛 IPOS 分销系统	国内领先
	亿赛通电子文档加密系统	国内领先
	SAP 业务财务一体化	国内领先

（一）产品研发与设计过程设计

公司产品设计紧紧围绕行业发展和企业技术创新的目标，采取"四位一体"开发模式，满足、超越顾客要求，推出新产品（见图6-3）。

（二）原材料采购过程设计

公司成立了工艺公司，负责统一管理国外原材料的采购。公司根据战略和原材料采购过程的主要要求，本着"智慧、可靠、环保、绿色供应链"的理念，创建行业领先的智慧、可靠、环保、绿色供应链，致力于采购质量、交付、成本和社会责任的综合优化（见图6-4）。

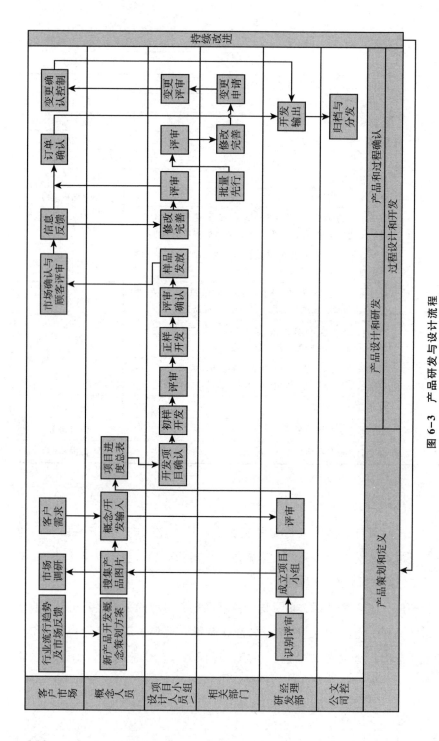

图 6-3　产品研发与设计流程

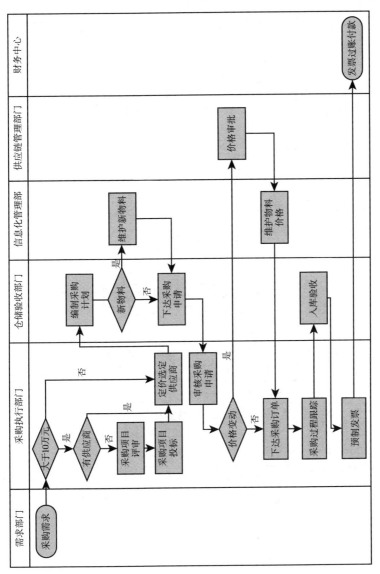

图 6-4　原材料采购流程

（三）生产过程设计

依据公司的战略目标和对生产过程的主要要求，根据现有的资源状况，国内外的先进技术水平，产品的技术要求和公司高质、高效、低成本的管理理念进行生产过程的策划与设计。公司产品种类多样、工艺复杂，针对每种产品均绘制了生产工艺流程图（见图6-5至图6-7）。

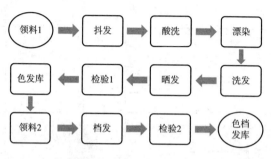

图6-5　色发生产工艺流程

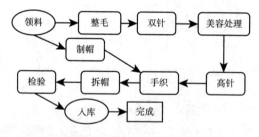

图6-6　假发生产工艺流程

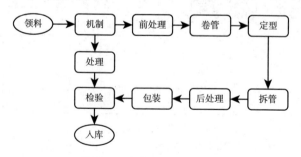

图6-7　发条生产工艺流程

（四）营销服务过程设计

公司按照营销服务过程的要求和特点，制定了《国际和国内市场营销工作控制程序》《销售合同管理制度》等管理制度，建设和完善市场营销和顾客服务网络。基于市场信息收集与分析了解顾客的需求和期望，在此基础上进行市场开发，建立业务关系，进行顾客服务与顾客管理等活动，确保营销服务过程目标的实现。

营销中心根据公司决策层确定的《市场销售战略》，将营销业务过程分成国内、国际两大部分，并根据市场情况制定了营销服务流程，保证营销运行的规范化、程序化，提高了运行效率和对市场的反应速度（见图6-8）。

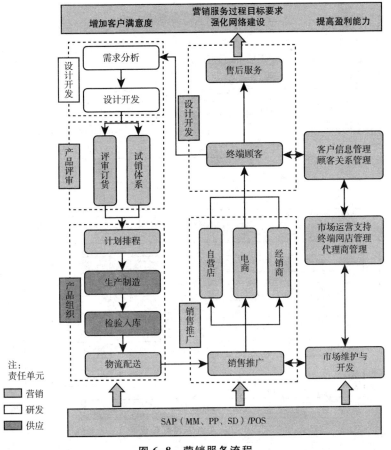

图6-8 营销服务流程

（五）人力资源管理过程设计

公司依据"为一线员工服务、深入基层、抓好基础"的管理理念，按照人力资源管理过程的要求，结合人力资源规划，对招聘管理、培训管理、员工管理、绩效管理等方面进行优化设计。

公司根据战略规划，遵循"人才点亮公司"的理念和"以人为本、德才并用"的用人方针，对人力资源规划、招聘、培训、考核、激励等方面进行设计，通过内外部信息收集及竞争对手分析，不断完善各项人力资源管理机制，每年初在充分调研的基础上进行各项制度、政策及流程优化（见表6-5、图6-9）。

表6-5　人力资源相关管理制度

类别	制度
基础类	《人力资源管理制度》
招聘与配置	《员工招聘管理制度》
培训与员工发展	《员工培训制度》《新员工入职培训制度》《内部培训师管理制度》《培训考核评价标准》
薪酬与福利	《劳保用品发放和管理规定》《工龄工资管理规定》《带薪年休假规定》
绩效管理	《绩效考核管理制度》《境外销售公司绩效考核管理办法》

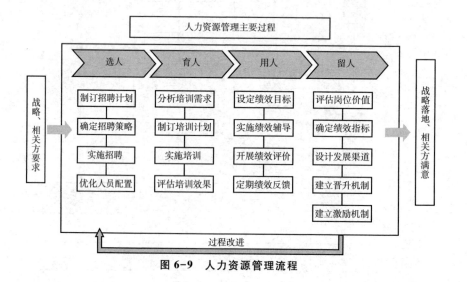

图6-9　人力资源管理流程

（六）财务管理过程设计

按照国家和地方的有关法律法规，从预算管理、会计管理、资金管理、成本管理等方面对财务管理过程进行了规划，形成了完善的财务管理框架（见图6-10）。

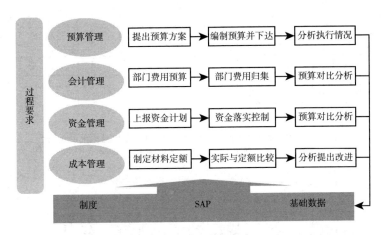

图6-10　财务管理框架

公司财务根据"精准核算、决策支持"的理念，以及国家、地方法律法规，从融资管理、投资管理、内部控制、会计核算、成本控制等方面对财务管理过程进行系统策划，形成完善的财务管理流程（见图6-11），制定了《财务管理与会计核算制度》《成本管理制度》《全面预算管理制度》《融资制度》等管理制度，基于内部审计与外部审计结果，定期召开财务分析会，对当期财务指标进行监测、分析、评价，并不断改进、完善。

（七）设备管理过程设计

结合公司中长期发展规划以及设备管理过程要求和相关方需求，并运用先进的管理理念，以TPM为基础对设备管理过程进行了设计（见图6-12）。

公司根据设备管理过程的主要要求，制定了设备管理流程（见图6-13），以及《设备的使用、维护和检查管理制度》《设备控制管理规定》《设备设施安全检（维）修管理制度》等制度，对设备全生命周期进行规范化管理，确保设备设施可靠、安全和完好。

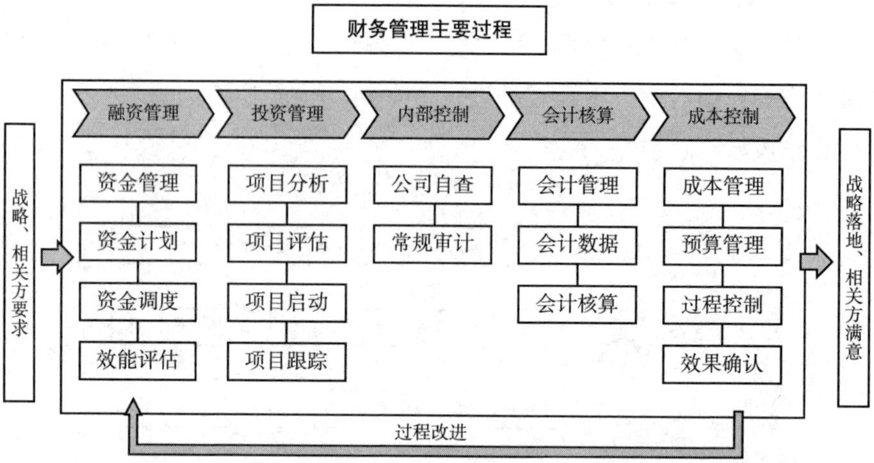

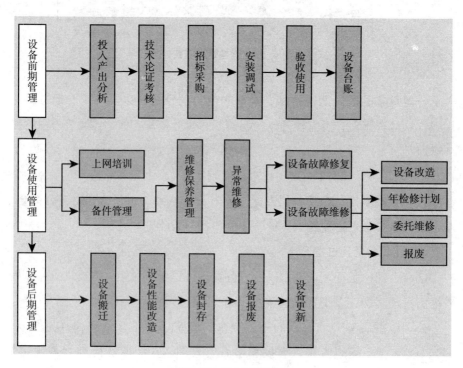

图 6-11　财务管理流程

图 6-12　设备管理过程

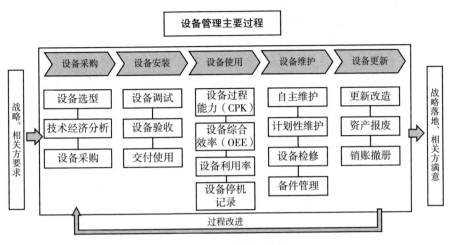

图 6-13 设备管理流程

（八）信息管理过程设计

公司依据"智慧管理、智慧产品、智慧制造、智慧服务"的战略思想和"通过高质量的信息系统和服务打造企业的核心竞争力"的信息化使命，进行信息管理过程设计（见图 6-14）。

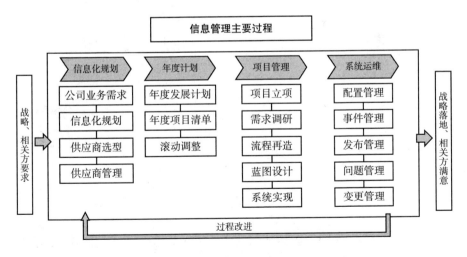

图 6-14 信息管理流程

（九）质量管理过程设计

构建了公司质量保证体系，即从新产品开发到产品验收的质量管理流程（见图 6-15）。

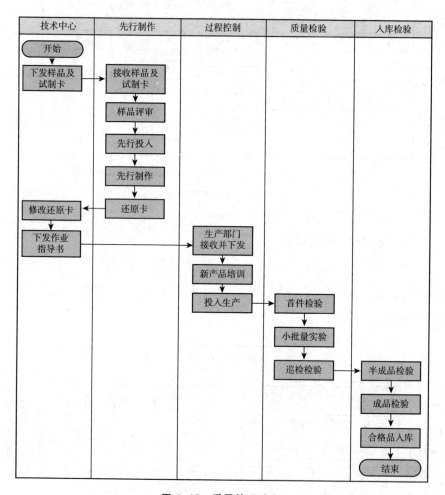

图 6-15　质量管理流程

（十）安全环保管理过程设计

公司成立了由总经理担任组长、各部门第一责任人为组员的安全环保领导小组，对公司安全环保工作进行统一领导。建立应急响应系统，保证运营连续性（见图 6-16）。

图 6-16　安全环保管理过程

　　公司识别和评估了生产经营过程中可能发生的质量、环保、安全、运营等突发事件，建立了应急管理体系，制定了应急预案并定期演练（见表 6-6）。结合公司实际，编制了安全、环保综合应急预案并在政府主管部门备案，覆盖了公司在生产经营过程中可能存在的事故灾难、自然灾害、社会安全事件、食品安全事件、公关危机、突发环境事件等风险，同时结合定期演练和环保安全体系审核，保证体系运行的有效性。

表 6-6　应急预案

预案名称	责任部门
《安全综合应急预案》	设备安全环保处
《环保综合应急预案》	设备安全环保处
《食品安全应急预案》	总经办
《信息安全应急预案》	信息化管理部

第二节　过程的实施与改进

公司高效实施过程管理，以确保满足设计要求。公司确定关键过程的主要测量方法和指标，在管理这些过程中使整体成本最小化，并确保这些过程的日常运行满足价值创造过程的要求。

一　过程的实施

公司为满足过程设计的要求，确保过程实施的有效性和效率，针对一、二级过程，实施过程控制措施，采用关键绩效指标进行动态监控。并定期统计分析和跟踪各过程的关键绩效，设立各种评审会，对指标进行讨论，及时采取措施，保证绩效指标的顺利达成。如市场营销部门通过每周、每月的跟踪会、季度评审会，对各分公司的工作内容作出调整，以便更精确地了解市场动向。管理层通过报表监控平台，实时了解各分公司的业绩数据，并通过半年度和年度营销年会进行总结。

在过程实施中，充分利用来自顾客和其他相关方的信息，按成本最优原则，完善对人、机、料、法、环、测等过程因素的控制。如在获取及分析竞争对手的标杆对比信息、原材料信息表、材料市场分析报告、上游供应链信息表、供应商成本优化建议等信息的过程中，对过程进行调整及完善。

（一）产品研发与设计过程的实施

1. 研发过程的实施

公司建立了科学、规范的产品研发与设计流程创新机制，实现产品研发与设计工作的制度化、信息化、程序化，同时将产品研发目标层层分解，按产品研发过程的不同阶段、里程碑节点进行评价、验证和确认，运用 PM 和 ISO 9001 对产品研发周期、进度与质量等绩效指标进行测量和控制（见表 6-7）。

表6-7　产品研发与设计过程实施

实施阶段	实施内容	相关记录	实施部门
信息收集	顾客来访访谈、顾客传真要求、网络流行趋势、与驻外公司的沟通	信息收集汇总	营销中心 研发中心
	各类信息以周、月、季为周期进行汇总公布,季度信息由负责产品概念设计的工作人员收集,评审筛选后上报研究室负责人审批		
概念设计策划	概念形成,包括产品特性、图片类型、概念类文案、工艺类文案	《概念策划方案》	研发中心
	可行性分析:原材料分析、技术分析、资源分析、安全分析、环境分析、市场可行性分析、产品成本分析		
	概念科依据信息资料制定《概念策划方案》,交研发总监审核,审批后生效		
成立项目组	根据项目内容和各研发人员的研发技能挑选人员,拟定项目组成员及任务,由研发部长核准,交研发总监审批后生效	项目组成员文件	研发中心
市场调研	向顾客推荐研发中心的概念幻灯片	顾客反馈信息	营销中心
	整理顾客的有效信息,进行发布	调研报告	研发中心
产品项目任务书	依据《概念策划方案》制定《产品项目任务书》	《产品项目任务书》	研发中心
	《产品项目任务书》评审	评审报告	研发中心 质量管理中心 生产管理部 营销中心
	依据《产品项目任务书》制定《项目进度总表》	《项目进度总表》	项目组
样品制作	制订出详细、合理、完善的《产品项目进度表》	《产品项目进度表》	研发中心
	样品制作阶段:初样、正样、更改样品	样品制作流程及验证卡	项目组
	生产初样:2~5条样品	样品	项目组
	相关工序验证	验证记录	研发中心
	按照环境和职业健康安全的要求对各工序进行验证	验证记录	设备安全环保处
	小批量试制,进一步验证工序设计合理性	《产品生产规格书》	项目组

续表

实施阶段	实施内容	相关记录	实施部门
样品发放	向顾客发放样品	《样品发放登记表》	营销中心
	收集顾客信息,详细填写《设计更改记录》	《设计更改记录》	制造部门
	制定《(更改)产品规格书》	《(更改)产品规格书》	项目组
	更改样品并进行验证	《工艺发生产作业指导书》	项目组
	对更改样品进行评审确认后,发放样品	《样品发放登记表》	营销中心
批量先行	依据研发管理部门下发的《工艺发生产作业指导书》,制作先行产品	先行产品	生产实体部门
	先行产品评审	评审结果	质量管理中心

2. 实施"四位一体"开发模式,满足顾客需求

公司产品设计紧紧围绕行业发展和企业技术创新的目标,采取"四位一体"开发模式。一是公司现有的研发机构——博士后科研工作站、国家级企业技术中心;二是在非洲和欧洲设立的研发机构,深入市场一线了解、掌握消费者的需求和新产品流行趋势,开发新产品后直接面向消费者;三是结合国外的"美发沙龙"来开发新产品;四是与战略合作伙伴关系的顾客联合开发,实现满足、超越顾客要求,推出新产品。

3. 开展设计合作,提高同步国际设计款式占比

为了把握国际流行趋势,开发美国同步产品,公司高层领导、海外营销部门相关人员和研发设计师多次前往国外市场考察,重金聘请美国行业内高端技术人员,并在发制品时尚前沿纽约设立研发中心。每天和国内技术人员视频交流产品开发,每3个月回国进行现场指导。在北京设立发型研究中心,并与知名形象设计机构建立战略合作关系,收集和反馈前沿市场信息。加深对时尚行业的了解,获取创作设计灵感,做好前期的产品策划,将流行元素运用到新产品设计中。

4. 实现研发流程管理信息化,缩短产品开发周期

为打造国内一流的研发团队,公司启动研发流程管理信息化建设项目,使研发进度得到有效监控,快速传递信息,提高市场反应能力。实现从

"工厂打版模式"向"品牌研发模式"的转变，开创设计流程、管理流程和考核流程"三位一体"的先进软件管理模式，缩短产品开发周期。

5. 追求研发过程成本最小化

针对不同类型的产品，公司确定了相应的目标功能、目标品质和目标成本，通过对该指标的分析判断新开发的产品成本是否得到有效控制，从绩效管理、信息收集、过程详审、材料供应等多个方面考虑成本控制（见表 6-8）。

表 6-8　研发过程成本最小化一览

项目	措施
实施目标绩效管理	公司与研发团队签订目标责任书，对研发成本进行目标绩效考核管理，通过分析每位设计师的订单业绩和研发成本，实现对产品开发的成本控制
信息的梳理与整合	公司加大对国内外、各个部门产品研发信息的梳理与整合，进行产品研发策划
强化过程评审	加强产品过程评审，通过底档初审、初样评审、单样评审、样品初审等过程评审避免浪费
有效控制材料成本	一是根据市场层级、产品风格、价格段进行产品成本匹配开发；二是在材料源头进行控制，整合供应商资源，强化战略合作

（二）原材料采购过程实施

1. 供应商管理

供应链管理部门、采购执行部门、需求部门共同进行供应商的寻源与筛选，共同参与和组织招投标的审定、价格的审核、供应商的选择。对于选定的供应商，供应链管理部门应建立供应商档案，并根据业务发展需要，对供应商的供货能力、交期、产品质量、售后服务等进行跟踪考核，根据考核结果更新供应商档案、调整供应商信用等级，调整或者淘汰考核不达标的供应商，以持续不断地优化供应商队伍。

2. 采购成本控制

根据公司下达的降成本 KPI 指标及成本控制计划，开展降成本工作，根据成本达成情况按工作流程签订采购合同。

3. 成本最小化措施

采购执行部门在询价时，向所采购物资或服务的生产厂家或服务商直接询价，不宜通过代理或中介机构进行询价，尽可能减少影响采购标的物价格的中间环节。供应链管理部门对供应商的产品价格水平进行市场分析，对供应商所供应产品的原材料价格进行跟踪，以便及时应对市场波动可能给公司生产经营活动带来的影响。同时需关注市场上同类或可替代产品的价格趋势，若有成本较低的同类或替代品，联合需求部门对替代品进行试验，若试验取得良好结果，经相关部门领导批准，可推荐采购替代品。

（三）生产过程实施

1. 生产计划管理

计划管理部、营销分公司、生产分公司通过分销系统进行数据连接，实现高效订单处理，有效分析交货信息，控制生产进度；通过 SAP 系统对生产过程进行监控，保障生产任务的完成。

根据产品的数量、款式、工艺、交货期等因素的差异性，实施"波段生产"，同波段产品在前期准备、投产、出货等各个环节保持同步，生产的前后工序保持同步，保证了工艺操作的协同性和交货的及时性。根据生产计划均衡生产，使企业在顾客服务水平、库存周转率和生产率方面得到提高，并及时更新、保证计划的切实可行和有效性。

2. 工艺管理

公司有效实施生产工艺管理（见表 6-9）。

表 6-9　工艺管理项目及实施内容一览

项目	实施内容	实施情况
分级管理	设立工艺研究院,各生产分公司设立工艺技术科	工艺研究院指导制造中心按照研发中心移交的"样品"进行样品试做,编写产品用量表、工艺指导书,并与生产车间做好技术转移、工艺指导工作
工艺标准化	成立标准化办,加快工艺标准化进程	针对新产品、新工艺、假发配件制定各种检测和使用监控标准,减少或避免后期质量问题,降低产品退货率

续表

项目	实施内容	实施情况
制度支持	制定了《工艺纪律检查管理办法》，系统规范了工艺管理方法	通过制度的实施，引导操作人员按工艺规定操作，QC人员对工艺执行情况进行全过程监控，提高了员工责任意识和产品质量
激励措施	建立了工艺改进奖，激励全员参与工艺创新活动	通过激励措施，大大提高了员工工艺改进的积极性

3. 现场管理

全员参与质量控制和现场管理。坚持开展劳动技能竞赛，加强班组管理，整合 QC 小组、6S 管理、现场改进等活动，激发员工提高能力、参与改进的积极性和创造性，应用精益生产理念和 QC 方法工具等发现差距、自主改进，达到提高员工素质、改进质量、降低消耗、提高经济效益的目的。

通过层层指标分解、人人量化考核的方式把满足过程要求的主要测量指标落实到具体的班组和员工，结果纳入年底绩效奖金和优秀员工评比，评定先进班组和先进个人，确立榜样，推广先进，推动相关部门全体员工积极参与现场管理。

4. 追求生产过程成本最小化

为了使生产过程成本最小化，公司通过成本分析会，对生产过程的整体成本进行了识别，主要包括生产管理成本、制造成本、质量成本等，并通过采取如下措施实现成本最小化。

（1）对于生产过程中的各项成本，如原材料成本、人工成本等，通过每月的成本例会进行分析与改进。

（2）以 SAP 系统为基础，通过合作开发，引入 RFID 技术手段，记录生产现场货物的移动，并生成一线工作人员的计件工资。通过 SAP 系统的接口开发，接收来自 SAP 系统订单信息，并将生产进度信息及直接人工成本回传至 SAP 系统，提高工资计算准确率。

（3）根据产品的差异性，合理组织生产，降低在制品库存。

（4）加强能源、设备管理，强化节约意识，降低能耗，降低成本。

（5）强化质量控制，减少返工、退货等损失。

（四）营销服务过程的实施

1. 国内营销服务过程实施

（1）国内店面营销服务过程实施

公司实施自建终端销售渠道、品牌连锁和双品牌经营战略。截至 2021 年底，公司已在北京、上海、广州、深圳、重庆、成都、杭州、郑州、西安、合肥等城市拥有直营门店 77 家，全国共计 194 家门店。同时启动线上销售，针对 20~35 岁消费者，为品牌增添新鲜活力。

①加盟商的管理。通过审核加盟商的《加盟申请表》《商场调查表》《商圈调研表》《项目损益试算表》等文件，授予加盟商特许经营资格，按公司的 SI 要求对加盟店面整体形象进行统一设计和装修。瑞贝卡为加盟商提供产品知识和经营管理培训和指导。加盟商应严格按照瑞贝卡运营管理手册运营并接受公司监督。

②品牌推广。重视新媒体线上营销，加强与分众、美图秀秀等新媒体的沟通合作，增加小红书、短视频等传播渠道。不断积极寻找新生代消费突破口，利用当红明星、网红、网络、门户、平面、线上线下等常规媒介与新媒体的结合，实现与年轻人的互动交流。以个性创意、时尚动感等艺术题材为切入点，策划有宣传点和话题性的活动，并着重品牌在慈善方面的投入及推广，增加 Rebecca 和 Sleek 品牌的附加值及美誉度。

（2）国内电商营销服务过程实施

①年轻类产品的布局与推广。坚持优质 & 时尚的产品定位，突出符合互联网人群需求的利益点，迅速捕捉时尚元素应用到发型上，坚持快速、高效的方式，结合流行趋势，强势推出新品；建立畅销产品档案，每月定期分析，及时更新、修正、升级，延长畅销产品生命周期；采用电商直播、短视频、网红合作等方式进行产品推广。

②组织营销推广活动，促进销售增长。坚持店铺定位，圈定精准人群，合理应用站内站外推广方式，提升整体店铺转化率；丰富旗舰店产品类别，提高店铺销量；建立并维护平台关系，争取更多资源（TOP 商

家"优先权"、新店申请、品牌与平台的资源置换、重要节日资源、线下活动合作等）；积极筹备各类大促活动，实现品牌价值与销量的双重收获，参与更多平台营销活动，例如"优选新品"、"聚划算"及平台主题性活动。

③品牌价值推广。由流量型思维向价值型思维转变。建立主流媒体（微信公众号、微博、抖音、小红书）账号，把内容放在首位，传递产品特点，做出有意思、有吸引力的方案，用内容建立消费者对品牌的信任；运用互联网式内容营销，以产品为载体，通过站内（猜你喜欢、淘宝头条、有好货、今日推荐、必买清单、值得买、淘宝直播、达人推荐等）、站外（KOL 合作、引导假发的使用）推广，在增加曝光的同时，放大卖点，提升消费者对于产品的认知；自建平台，为消费者展示更及时的品牌及产品动态信息，页面功能合理、视觉表达清晰、操作便捷、更新及时，与旗舰店保持同步，以线上产品为主，先开发 PC 端，完善后应用至微信小程序。

2. 国际市场营销服务过程实施

公司产品主要销往北美、非洲、欧洲以及亚洲等地区，基本形成了研、产、销、供的全球化产业链布局。公司在境外设立 8 家销售型公司，各地区经营模式不尽相同。

北美市场是公司全球化战略的重要一环，自 2017 年以来，公司在维持原贴牌模式的基础上，采取线上线下融合发展的经营模式；线上与国内外核心跨境电商平台合作，全系列、多渠道的国际跨境电商平台已基本搭建完成。

非洲市场是公司自有品牌全球化的另外一个重要市场。公司本部以及非洲子工厂的产品，通过非洲销售子公司以及当地经销商对自主品牌 NOBLE、JOEDIR、MAGIC 等进行批发零售，大力实施"地产地销"。同时，公司积极探索线上线下融合发展模式，启动新的物流方式，缩短产品上市周期，加快货品周转。

公司在欧洲市场主要通过全资子公司亨得尔进行销售，以英国、法国等西欧市场为依托，辐射中东欧地区，以自有品牌 Sleek 直接销售为主，辅之以其他经销商销售。

（1）国际自主品牌营销服务过程实施

针对市场，积极调整渠道，优化顾客资源，以不同形式、多层次地与顾客进行广泛沟通，密切关系，增强合作信心，最大程度地使顾客满意（见表 6-10）。

表 6-10　国际自主品牌营销服务过程实施

子过程	主要工作内容及方法	效果	参与部门
市场信息收集	通过网络、展会、拜访顾客收集信息	寻找并准确定位出目标顾客	国际自主品牌部
市场开发	开展市场开发工作，争取目标顾客，紧盯目标，建立销售看板，实行工作日志	确立在行业中的领先地位	国际自主品牌部研发中心
建立业务关系	签订购销合同，形成业务往来关系	订单准确及时、库存优化、应收受控款	国际自主品牌部
顾客服务与关系维护	及时与顾客沟通，确保顾客满意，重点关注 A 级客户	服务周到、及时，赢得市场	国际自主品牌部

（2）国际电商营销服务过程实施

虚拟公司制的销售模式为以用户为中心、以产品为载体、以质量为保证、以利润为激励，采用业绩动态阶梯提成和职务晋升机制，实施费用定额承包，实现"人人都是经营者"的销售管理模式。

实施多品牌策略，以五大品牌为主，丰富品牌组合，拓宽消费群体，提升市场份额。利用品牌定位，使用合适的多渠道营销手段，搭配独有的特色产品和价值内容营销，打造清晰准确的差异化版图，培养顾客对品牌的认可和信赖。

建立线上线下产品管理体系，坚持线上线下产品互通原则，坚持产品

"四款两通一实现"原则，即新款推出、爆款打造、经典款维护、滞销款处理，通过产品差异化布局、不同品牌塑造，达到线上、线下联营。线下以季度为分析节点，建立产品试销、畅销、滞销生命周期闭环流程。线上结合店铺定位，以季度为分析节点，依据重点加定制的原则进行新品推广，依据顾客产品质量反馈及时进行产品质量提升和调研。

供应链管理体系以节日主题为营销主线，参考店铺十天销售额、生产周期和海外仓物流时间，以小批量、多批次购进的形式，保证销售供应链采购的连续性、及时性、准确性。同时按照线上、线下产品管理体系，导入新品公库订单流程，力争实现新品快速到货，市场快速测试及反应的一体化进程，使库存更新及时、满足销售，有效控制滞销品。

3. 追求营销服务过程成本最小化

公司通过快销方式盘活存量、完善库存管理等措施实现营销服务过程成本最小化（见表6-11）。

表6-11 营销服务过程成本最小化措施一览

项目	措施
盘活存量,提高资源利用率	实行多品种组合销售,提高店铺单位面积有效陈列利用率,满足多样化的购物需求
建立总仓模式,提高资源再生能力	实行总仓计划,提高库存资源共享;提高销售产出,实行计划分级管理,降低预测风险,提高库存的可再生性,降低库存资金占用,降低处理损失
网上订货	实施网上订货平台,降低订货成本
老顾客关系维护	通过控制老顾客关系维护成本,降低获客成本

（五）人力资源管理过程的实施

1. 制订人力资源管理过程指标，控制人力资源管理过程的有效性

根据相关方主要要求，公司制订了人力资源管理过程的关键绩效指标。

2. 有效实施人力资源管理过程，高效保障战略实施的人力资源管理需求

公司制订和完善了《员工招聘管理办法》《绩效管理办法》《培训管理制度》《职业生涯管理手册》等管理制度，对人力资源管理实行有效控制。

3. 人力资源管理过程成本最小化

控制招聘成本、用工成本、培训成本，采取措施，实现人力资源成本最小化（见表6-12）。

表6-12　人力资源管理过程成本控制措施一览

项目	措施
招聘成本	1. 按需求制订年度人才招聘计划 2. 首选网络招聘，降低渠道投入 3. 通过与院校合作、人才推荐等方式，减少现场招聘频次和人、财、物的投入 4. 降低沟通成本，采用邮件、企业级即时通信平台、网络洽谈等形式，有效降低信息费用
用工成本	1. 严格控制岗位编制，按"人尽其才、宁缺毋滥"原则配置使用人员 2. 规范用工，降低用工风险 3. 将部门用工成本纳入部门负责人绩效考核
培训成本	1. 制订科学合理的培训计划 2. 实行培训预算管理

（六）财务管理过程的实施

1. 资金管理

严格按照公司内控要求管理资金，资金部对资金的月度、年度使用计划进行分析评估，跟踪检查资金使用计划的执行情况，有效控制资金使用。建立对货币资金业务的监督检查制度，集团公司审计部为货币资金业务监督检查部门，定期和不定期进行检查。

2. 会计管理

公司使用SAP系统，实施部署了FI（财务管理）、MM（物料管理）、SD（销售与分销）、PP（生产管理）、CO（成本管理）五大功能模块，从而实现了企业主要经营活动的全覆盖。开展各季度财务分析工作，分析经营结果、财务状况及其变动情况，评价公司偿债能力、盈利能力和抗风险能力，为公司经营决策提供信息。

3. 成本管理

公司制定了《成本管理制度》，使公司成本管理规范化、制度化、科学化。研发部门依据产品的研发过程和生产技术工艺要求，编制产品的标准BOM 和工艺路线；财务中心在 SAP 系统中发布标准成本价格；生产部门依据执行情况、工艺技术条件的改善等，定期对标准成本进行修订。每月末，成本会计对各生产部门实际生产成本与标准成本的差异原因和各项制造费用的预算执行情况进行分析，并编制《成本分析报告》，生产部门依据生产成本状况，及时作出相应改善。

4. 实施财务风险管理，提高财务安全

公司建立了财务风险管理制度，明确经营者、投资者及其他相关人员的管理权限和责任，并按照不相容岗位相互分离、制约和监督的原则设立岗位，单位负责人的直系亲属不得担任本单位会计机构负责人，对主要财务风险制定了应对措施。

5. 财务分析

应用杜邦财务分析体系等分析方法，开展各季度财务分析工作，评价经营结果、财务状况及其变动情况，评价公司偿债能力、盈利能力和抗风险能力，为公司经营决策提供信息。

6. 财务管理过程成本最小化

推行会计电算化，使用 SAP 系统，引入财务软件总账、报表、固定资产、存货、核算等模块，提高财务管理的周密性和成本核算的准确性，合理使用财务金融工具，降低融资成本。

（七）设备管理过程的实施

1. 设备管理过程的实施

公司按照《设备使用管理制度》《设备检修管理制度》等设备管理程序，实施日常维护、保养、润滑和维修（见表6-13）。

表 6-13　设备预防性维护保养

内容	范围	责任人	特点
日常维护保养	生产管理部各使用工序的生产设备	操作工	班前日常维护保养
设备周保养	主要设备、重点设备	操作工	每周一次对设备进行维护保养
关键设备状态鉴定	关键设备	设备管理员	在用关键设备鉴定周期为每年 1 次
设备年度检修计划	生产部生产设备	设备管理员	每年的节假日，针对隐患设备进行检修维护
设备保养年审	特种设备、电梯、叉车	保养单位	委托有资质的保养单位进行保养，定期由市级、县级技术监督年审

2. 设备管理过程成本最小化措施

对影响成本的主要因素如方案、备件、维修等进行了识别，采取措施实现成本最小化。

（1）推行设备的技术革新、绩效管理等，降低设备管理的维修费用。

（2）重视设备备品备件的修旧利废工作。制定设备备品备件修旧利废管理及激励机制，持续开展利废工作，定期评审，季度通报激励。这对减少设备维修费用、降低制造成本起到积极推动作用。

（八）信息管理过程的实施

（1）保障信息管理系统的正常运行，为各业务部门提供及时的服务。按照"缩短时空、快捷服务"理念，组织实施信息管理工作。

（2）强化信息安全管理，通过亿赛通电子文档加密系统对公司研发、销售等涉密电子文档进行加密处理，防止公司核心文件外泄。

（3）对信息系统设备设施提供维护，确保信息系统的可靠、安全。

（4）信息管理的成本最小化。

①严格评审信息化建设方案，对系统实行招标采购，控制投资成本；

②出台公司信息管理的各种制度、流程规定，避免资源浪费；

③建设 IT 专业开发维护队伍，立足联合开发、自主维护施工，降低信息系统开发维护成本。

（九）质量管理过程的实施

按照 ISO 9001 建立质量管理体系，制定《质量工作手册》，明确质量管理职责，建立质量管理标准和工作标准，充分贯彻预防为主的原则，应用统计技术对制程的各个阶段进行评估与检查，从而确保产品质量稳定。

建立质量分析会，畅通信息沟通渠道，快速应对处理市场信息，管控新品生产过程及市场品质。

开展质量损失成本管理，明确质量损失的统计方法，落实质量损失到责任部门，促使责任部门提高工作质量、减少质量损失。

（十）安全环保管理过程的实施

1. 安全管理过程的实施

（1）落实安全生产责任制，完善安全管理规章制度。与公司各部门签订《安全生产目标责任书》，明晰责任，进行定期检查、考核。

（2）开展安全生产教育培训工作。强化"三级"安全教育、特种作业人员和安全管理人员的持证上岗培训，以及"安全生产月"等日常宣传教育，定期进行火灾消防及应急预案的演练，保证在岗职工具备应有的安全技能和意识，各类人员持证上岗率均达 100%。

（3）建立 ISO 45001 管理体系，开展双重预防管理，识别并控制危险源，从源头控制安全风险，确保万人负伤率、污染物综合排放合格率等绩效测量指标持续好转，事故损失减少、事故影响时间降低。

（4）公司每年按期组织"安全生产活动月"和"消防宣传安全周"活动。组织"安全知识竞赛""安全演讲比赛""安全技能大比武"等各类安全主题活动。营造安全生产人人参与的氛围。

2. 环保管理过程的实施

（1）严格实施 ISO 14001 管理体系，开展清洁生产，提高资源综合利用率。

（2）公司建设项目严格落实环保"三同时"制度，场区实行雨污分流，从源头控制减少污水量。

（3）定期检查环保设施的运行情况，定期对环保设备进行维护和保养，保证其正常运行。对现有的环保设施进行一定的技术改造，提高环保设施的利用效率。

3. 成本最小化

（1）采购优质安全设备，抓好过程控制和结果落实，保障成本最低。

（2）实施动态危险源辨识，使安全风险做到可控、在控、能控。

（3）实施清洁生产，实现节能降耗、减污增效。

二　过程的改进

（一）产品研发与设计过程的改进

为了不断提高企业利润和竞争优势，公司组织相关人员对技术研发各个环节进行客观分析，制定有效改进措施，通过不断优化使产品质量和服务质量稳步提升。

（1）建立项目经理制，项目经理负责从立项到销售一系列产品开发规划、协调问题，严格按照项目开发计划控制项目进度，及时协调、解决项目异常，确保产品开发的时效性和结果的可靠性。

（2）结合个人专业整理、编制、审核相关企业内部技术标准及检验标准，实现产品设计有据可循、检验有标准可依，进一步完善公司标准化工作。

近几年，研发过程改进成果显著。如公司自主研制出新型纤维材料，不断推陈出新、升级换代，技术水平居国际领先地位，填补了我国在仿人发纤维领域的空白，进一步拉长了公司的产业链条。下属子公司抚顺瑞华纤维材料公司被认定为国家高新技术企业，其生产的腈纶纤维被评为"辽宁名牌产品"，全机械化产品开发与纤维原丝紧密结合，受到市场肯定，供不应求。

（二）原材料采购过程的改进

（1）每月开展供应商供货质量、价格、交货期的对比，进行日常监控评价；建立供应商管理体系，拓宽资源渠道，保持供应链稳定，实现了供应商优胜劣汰、动态管理。

（2）规划和部署符合公司经营战略的新的供应链框架，对公司采购资源进行整合、流程进行优化。选择合格的供应商并对采购过程进行严格控制，评估顾客订单、衡量计划、合理管理库存，最大限度地保证以最小的成本、最高的品质、最高的效率满足公司运营与顾客需求。

（3）逐步实现各种采购审批手续在 SAP 系统中进行，提高了工作效率。

（4）建立采购新战略，打造系统性价值链。积极开展供应链管理工作，寻找最佳采购实践，改善与供应商合作，督促供应商最大限度提供增值服务。

（三）生产过程的改进

生产组织方式发生变革，从过去大批量生产向单件小批量生产转变，不断培训增加全能技工，提高人员作业技能和改善意识，借助公司的质量管理、成本管理和效率管理机制，持续推进制造过程的控制流程，作业标准化的建立，QC 活动、改善活动、对标活动、质量竞赛、TPM 等活动的开展，有效运行 PDCA 良性循环，持续提升公司的产品质量。

（四）营销服务过程的改进

在拓展传统销售渠道的同时，为缩短销售链条，公司加大了电商的建设力度，采取"线下门店+电商"的营销模式，在速卖通、Amazon、天猫等重要电商平台开通店铺并聘请专业团队运营。此外，自建跨境电子商务独立站，增加产品品类、缩短供应链条，加快瑞贝卡的战略转型升级，提升店铺与品牌的竞争力。

公司在充分发挥非洲"地产地销"优势的同时，通过不同的产品拓展更多终端顾客。以 NOBLE、BLACK PEARL、MAGIC、Sleek、JODEIR 等品牌为第一梯队品牌，提高当地消费者对产品的认可度。

在美国市场，继续深入和大客户的合作，全力配合客户推出适合市场的产品。同时，安排专人拓展新的中小客户。

（五）人力资源管理过程的改进

（1）采取多种形式，广开招才引智渠道。坚持引才引智并举，重在引智。大力引进高层次人才、急需紧缺人才和实用型人才。积极倡导"柔性流动"和"人才共享"的模式，通过调入、聘用、兼职、合作、技术转让、人才租赁等多种引才引智形式，切实解决人才短缺的问题。

（2）完善分配制度。坚持"效率优先、兼顾公平"的原则，积极探索分配制度改革，把知识、技术、能力、经验、管理等作为生产要素参与按劳分配，根据岗位风险、责任大小，建立按贡献、重实绩、向优秀人才和关键技术岗位倾斜的分配机制。积极推行"岗位工资制""项目工资制""年薪制""协议工资""贡献工资"等多元化分配方式，充分发挥分配的激励作用，做到一流人才、一流业绩、一流报酬。

（3）建立以贡献大小为依据的奖励制度。设立"瑞贝卡杰出技术人才奖""明星员工"，对在各单位、各部门做出杰出贡献的专业技术人才实行精神和物质奖励，每两年评选一次。

（4）通过用工管理模式再造，减少用工人数，降低用工成本。

（六）财务管理过程的改进

1. 资金管理

公司对资金实行高度集中管理，即"集中存放、集中筹集、集中使用、集中平衡"，既确保了"聚集闲散资金办大事"的规模效应，提高了资金使用效益，加快了资金周转，又实现了资金风险的集中防控，确保了资金安全。

利用财务杠杆效应，合理安排借贷资金，根据公司实际情况，实施"以银行信贷为主，辅以定向增发、发行债券、吸收投资等多种筹资方式"的筹资方案，调整筹资结构，降低筹资成本和财务风险。

2. 成本管理

对标挖潜，找出差距，分析原因，及时改进。推行成本周核算和分线成本效益测算，缩短成本信息提供周期，细化成本核算对象，使管理层能实时掌握公司成本情况，指导生产。

（七）设备管理过程的改进

（1）根据市场需求和公司库存变化动态，应用新设备管理模式，适时调整停车检修时间，高效完成设备停车检修任务，提升检修质量，降低检修成本，为高负荷安全稳定生产提供保障。同时节约了人工成本，降低了安全风险。

（2）定期组织对设备考核方案进行调整和修订，使考核结果更加量化、直观。同时，增加设备运行、维护、成本预算考核，确保设备长期处于完好状态。

（3）建立完善《设备材料供应商管理办法》，完善供应商管理和供应链安全稳定性评价体系，积极推行供应商评审、考核制度。将供应商管理列入公司效能监察项目，建立供应商档案，确保生产需要；及时关注市场和库存变化，压缩库存，减少资金占用；严把备品备件入库检验关，禁止不合格备品备件入库，降低设备故障率和设备维修费用。

（八）信息管理过程的改进

确定信息管理的 KPI，并分解至部门层面、操作层面。IT 部门基于考核结果和业务部门反馈对过程进行评价，结合业务需求进行改进。

（九）质量管理过程的改进

（1）制定《工艺改进制度》，为充分调动、激励一线员工的积极创新意识，鼓励进行工艺、包装辅料及其他方面的创新改进，实现节约成本、提高效率、保证质量的目的。

（2）制定《QC 小组活动管理制度》，鼓励全员参与质量改进活动，使QC 小组活动走向经常化、制度化，对改进质量、降低消耗、提升企业素质起到积极作用。

（3）开展质量文化建设，让质量文化深入人心。通过"质量日"与"质量月"活动，搭建员工质量工作技术和经验交流平台，全面提升员工质量工作保障能力。

（十）安全环保管理过程的改进

（1）完善安全四大系统（监测监控报警系统、安全联锁系统、危险工艺自动化系统、紧急处置系统）建设。

（2）加强作业现场"危险点、危害点、事故多发点"及主要危险源的风险控制，导入双重预防管理体系，识别并明示危险区域，制定检查和管理措施，建立管控网络对易燃易爆区域、天然气管网线、压力容器等进行重点管控。

（3）建立公司事故隐患管理档案，落实隐患治理注销制度，将安全绩效作为重要指标纳入效能考核，确保生产安全稳定运行。

（4）加强特种设备和特种作业人员的管理，建立特种设备管理档案，对特种设备管理人员和特种作业人员实行持证上岗制度，上岗率达100%。

（5）推行安全质量标准化，实行精细化管理，全员安全教育率和达标率达100%，安全合格班组达标率达98%以上，确保了全员上安全岗、干标准活、做本职安全人。

（6）不断完善事故应急救援处理预案并定期举行演练、强化员工安全风险防范意识、普及安全应急知识和技能，用科学方法规避和消除风险，实现安全稳定生产。

（7）坚持环保现场检查，完善管理制度，严格落实考核。

（8）完善《能源目标管理绩效考核方案》，由设备安全环保处根据各厂能源消耗定额完成情况和现场检查结果，实行节奖超罚，极大地调动了广大职工节能的积极性。

（9）完善能源计量器具的配备和现场能源数据检测能力。实现一、二级计量器具配备率达到100%。对一、二级能源计量器具，严格按照计量检定规程与相关单位共同检定，确保能源计量的数据公正准确。

第七章
卓越管理抓手：绩效测量与持续改进

公司基于卓越绩效模式框架，从战略绩效、过程绩效、岗位绩效三个层次，根据行业特点和公司实际情况，对标美国联合技术公司获取竞争优势ACE管理方法，打造公司"软实力"，创建了集成化的"3×4"SCS战略竞争力改进与创新系统，包括公司、部门、基层3级，战略引领、技术创新、品质极致和持续改进4方面的方法和工具，广泛使用问题解决DIVE、流程管理、QC小组、合理化建议等方法，正确和灵活应用FMEA、DOE、相关和回归分析、质量管理七工具等统计技术和工具，使之成为各部门日常工作的一部分，并延伸到供应商。

第一节　绩效测量与评价

公司通过有效运行绩效测量系统，针对战略关键绩效指标和日常运行指标展开监测，建立完善的对标体系，开展与标杆、竞争对手数据的横向比较和历史数据的纵向比较并与目标值对比，对测量、比对结果进行系统分析、评价，为改进创新提供依据，确保公司整体战略目标的达成。

一 绩效测量

（一）选择、收集、整理数据和信息，监测日常运行及组织绩效

1. 绩效测量系统的建立

公司成立了分别以质量管理中心和人力资源部为主导的组织绩效、员工绩效测量和评价小组，基于战略目标，应用平衡计分卡，分别从财务、顾客与市场、内部运营、学习与成长四个维度，建立公司、部门、岗位多层次的绩效测量系统和管理流程（见图 7-1）。

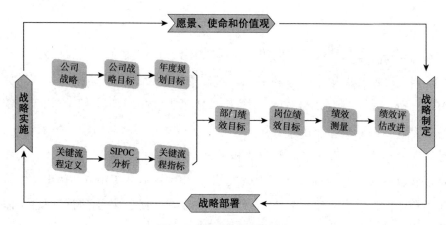

图 7-1 公司绩效管理流程

部门绩效目标除了来自对公司战略目标的层层分解，还有一部分来自关键流程指标。公司采用 SIPOC 分析，确定流程顾客（相关方）需求，从而得到关键流程指标，并分解到相关部门。

每年末，各部门签订下年度的目标责任书，确认关键绩效指标、指标责任部门、定义、计算公式、测量周期、数据源和测量负责部门，基于战略部署并参考上年度实际值，设置本年度目标值。

公司绩效测量体系从无到有，不断改进创新，由早期简单的部门 KPI 绩效管理进化到平衡计分卡方式。公司关键绩效指标测量体系见表 7-1，公司关键绩效指标分解到各部门，表 7-2 和表 7-3 提供了两个部门示例。

表 7-1 公司关键绩效指标测量体系

维度	绩效指标	资料来源	测量部门	测量周期
财务	销售收入	财务报表	财务中心	月
	利润总额	财务报表	财务中心	月
	总资产贡献率	财务报表	财务中心	年
顾客与市场	品牌知名度	统计报表	营销中心	月
	市场占有率	市场调查	营销中心	季
	品牌价值	市场调查	营销中心	年
	新增顾客数	统计报表	营销中心	月
	直营店店面平效	统计报表	营销中心	月
	顾客满意度	满意度调查	营销中心	季
	代理商满意度	满意度调查	营销中心	年
内部运营	产品交货及时率	统计报表	制造中心	月
	一次交验合格率	统计报表	质量管理中心	月
	目标成本实现率	统计报表	制造中心	月
	新品种开发数量	统计报表	研究院	年
	新品种产值率	统计报表	研究院	年
	环评达标率	统计报表	环保部门	年
	安全事故率	统计报表	安全生产办公室	年
	关键设备完好率	统计报表	设备管理部	年
	采购质量合格率	统计报表	供应链管理部门	月
	战略供应商占比	统计报表	供应链管理部门	季
	智能化资金投入	统计报表	信息中心	年
	总资产利润率	统计报表	财务中心	月
	成本费用利润率	统计报表	财务中心	月
	流动资产周转率	统计报表	财务中心	月
学习与成长	员工满意度	满意度调查	人力资源部	年
	关键人才数量	统计报表	人力资源部	年
	纳税总额	财务报表	人力资源部	年
	公益基金投入	财务报表	财务中心	年

表 7-2　国际研发部关键绩效指标测量体系

类别	项目	测量部门	周期
财务	销售收入（亿元）	财务中心	月
	部门研发费用控制率（%）	财务中心	月
	研发投料控制（公斤）	财务中心	季
内部运营	接单量（万套）	生产管理部	月
	新产品确认率（%）	各营销部门、统计部	季
	本年度新产品开发数量（个）	国际营销部门、统计部	季
	爆款产品生命周期维护（%）	研发中心、营销部门	季
	部门人均接单贡献率（%）	研发中心	月
	标准成本的制定与沟通	财务中心	月
顾客与市场	样品发送准确性、及时性（%）	营销部门	月
	产品录入及时、准确性及下卡准确率	信息部 SAP 项目组、质量管理中心	月
	内部顾客满意度（分）	营销部门	季
学习与成长	部门二级、三级绩效考核工作	人力资源部	月
	关键岗位员工流失率（%）	人力资源部	月
	培训指标达成度（%）	人力资源部	月

表 7-3　采购部关键绩效指标测量体系

类别	项目	测量部门	周期
财务	公司总经营目标销售任务达成（亿元）	财务中心	月
	生产计划达成（万套）	统计部	月
	成本适合率（%）	财务中心	季
	标准成本（%）	财务中心	季
	部门费用指标控制率（%）	财务中心	月
内部运营	到货时间合理性	生产管理部、化纤原材料及辅料库、各使用部门	月
	采购质量合格率（%）	辅料仓库、质量管理中心、各使用部门	月
	采购部管理报告：采购月度总结及计划分析	董事长	月
顾客与市场	内部顾客满意度（分）	各生产实体、营销部门、研发部门	季
学习与成长	部门二级、三级绩效考核工作	人力资源部	月
	关键岗位员工流失率（%）	人力资源部	月
	培训指标达成度（%）	人力资源部	月

2. 信息、数据的收集和整理

公司制定了《信息档案管理规定》《信息保密工作制度》等规章制度对内外部数据、信息的收集、整理、分析、传递过程进行规范化管理，并推进信息化建设和智慧管理进程，自动获取关键绩效数据和信息，为公司的战略决策、日常经营和改进创新提供依据。为更系统、更全面地获取外部信息，还在市场、研发等部门设有信息专员。公司信息、数据的收集与处理方式见表7-4。

表 7-4 公司信息、数据收集与处理方式

类别	收集主体	收集渠道	收集方法	收集周期
内部数据信息	财务数据	财务中心、统计部	SAP-ERP系统、致远OA	年
	订单数据、合同评审数据	营销中心各部门	SAP-ERP系统、电商业务管理（WMS+OMS）系统、百盛IPOS分销系统	日
	设备运行数据	设备安全环保处	点检报表、微信群组、设备故障采集	日
	生产数据	各生产实体部、统计部	SAP-ERP系统、RFID系统（MES）、生产记录、月度报表	日
	员工流失、满意度信息	人力资源部	朗新eHR	月
	员工培训信息	人力资源部	朗新eHR	月
	供应商交付、质量信息	供应链管理部门、采购部	供应商审核、接收检验	月
外部数据信息	全球行业数据	管理层、专业人员、各专业部门	国际论坛、国际行业交流、网络、专业杂志、行业论坛、情报体系、咨询机构、聘请专家、行业报告	月、季、年
	国内行业数据	管理层、专业人员、市场部、质量管理部门	行业协会、权威杂志、国内行业交流、网络、专业杂志、顾客、供应商	月、季、年
	顾客满意数据、顾客反馈信息、市场调查信息	市场部	行业论坛、情报体系、咨询机构、聘请专家、行业报告	月
	竞争对手的全面数据	管理层、专业人员	上市公司报表、网站、专业报纸杂志、行业协会、顾客	月
	标杆企业的全面数据	管理层、专业人员	上市公司报表、网站、专业报纸杂志、行业协会、顾客	月
	产品进出口数据	国际业务部	海关	月
	其他相关方信息	市场部	政府部门等	月

（二）选择和有效运用主要对比数据和信息分析结果，支持组织决策、改进及创新

1. 行业内对比

公司为了规范标杆对比，制定了公司标杆学习流程（见图 7-2）。采用趋势比较法、水平对标法、差距分析法等，全方位进行对比分析，找出差距，并进行改进和创新。

確定当前基准 ▷ 设计对标问题 ▷ 研究竞争企业 ▷ 收集竞争数据 ▷ 实施和监控

图 7-2　公司标杆学习流程

对于绩效测量的数据信息，运用统计学工具，通过对比分析、因果分析、趋势分析等方法，采用同比、环比以及与竞争对手和标杆对比，判断市场的发展趋势和竞争态势演化，经过要因解析，针对市场机会和威胁以及公司竞争力变化，对公司相关资源进行调配并对各职能部门进行调整部署（见表 7-5、表 7-6）。

表 7-5　对比数据统计

数据类别	信息来源	收集主体	统计周期	信息平台
竞争对手数据：出口创汇、生产规模、产品市场等	行业协会	公司高层	年度、月度、季度，随时交流	OA、内网
	网络动态	部门领导		
	国内行业交流	营销中心		
标杆企业主要指标：出口创汇、销售市场	专业杂志	部门领导	随时交流	
	网络动态	专业人员		

表 7-6　对比分析内容及方法

分析方法	分析方式	分析内容	分析部门	参与部门
统计分析	生产调度会	生产销售指标完成情况	统计部	生产部门营销中心
		订单接收情况		
		工资、工效情况		
		能源耗用情况		
		根据存在问题提出合理化建议		

分析方法	分析方式	分析内容	分析部门	参与部门
财务成本分析	成本分析会	成本水平	财务中心	生产部门
		影响成本升降的因素		
		降低成本的途径		
市场销售分析	总经理办公会	销售完成情况	营销中心	营销中心
		消费产品结构		
		畅销产品覆盖率及分布		
		销售预测		
质量分析	质量分析会	产品一次性合格率	质检管理部门	生产部门

公司不仅识别了行业内主要竞争对手与标杆，并对其竞争优势等进行了分析，还选择了多个行业外企业作为标杆企业进行对比学习。公司在近几年与行业外标杆企业的对比和有效应用见表7-7。

表7-7　行业外标杆企业分析

企业	对标类别	对标指标	有效应用
伊利集团	生产极致	智能制造	建立研发项目制，生产设备智能化
胖东来	服务极致	服务满意度	顾客满意度调查问卷
药明生物	管理极致	人才保留率	完善人才引进、培养、保留和激励系统
三井不动产	管理极致	员工离职率	通过员工满意度，识别问题，针对性改进
海尔集团	管理极致	公司大学设立	由许昌学院成立的瑞贝卡学院
华为	管理极致	企业信息化、绩效管理	企业流程再造、员工绩效管理
阿里巴巴			

2. 与目标和以往绩效对比

基于公司战略和战略目标，公司制定了公司级和各职能部门级绩效指标塔，对KPI达成状况进行月度回顾。通过与目标的比较和与过去趋势的对比及对未来趋势的预测，及时发现问题，采取相应措施，确保达成绩效。

（三）确保绩效测量系统适应战略规划及发展方向，并保持敏感性

公司在战略制定和战略部署时，会充分评估绩效测量目标和指标的合理性、有效性和适用性，并将绩效测量系统的评价纳入战略评估和管理评审流程，每年组织高层领导、部门领导，并邀请外部专家，从指标及指标值设置合理性、测量方法有效性、测量过程智慧化等三个维度对绩效测量系统进行评价，根据评价意见进行调整。

1. 指标及指标值设置合理性

公司根据战略、顾客及相关方、竞争对手等的变化和历年绩效指标的完成情况，每年末通过年度专题会议对关键绩效指标及指标值的合理性作出评估，对绩效指标体系及时调整。如公司战略提出智能化和信息化目标。

2. 测量方法有效性

公司密切关注竞争对手的先进经验，关注新工具、新方法的运用，不断调整和改进测量方法，以确保信息数据能真实、准确地反映公司绩效水平。

3. 测量过程智慧化

为确保绩效测量实现智慧管理要求，公司逐步建立和完善了多种信息管理平台，如百盛 IPOS 分销系统、RFID 系统（MES）、朗新 eHR、SAP-ERP 系统、致远 OA、电商业务系统，使硬件、软件与公司发展保持同步，达到信息采集自动化、便利化和绩效测量及时、快速的目的。

二　绩效分析和评价

（一）科学严谨的绩效分析

根据公司战略规划、关键绩效指标的要求，充分分析竞争对手与市场局势等内外信息，对公司绩效目标进行滚动预测并改善，同时按照改进与创新项目分类和对应的改进方法，制订改进计划并实施（见表 7-8）。

表7-8 公司组织绩效分析

组织层面	分析形式	分析内容	分析方法	输出结果	参与部门
公司管理层	季度经营计划研讨会	宏观环境分析、机会和竞争特点、优势和劣势、内部资源分析	SWOT分析、趋势分析、因果分析、差异分析等	季度经营计划与全面预算执行报告	公司管理层决策层
	总经理例会	阶段主要工作任务、存在问题及解决方案	差异分析、对比分析等	会议纪要	公司管理层
	管理评审会	体系运行情况、方针/目标情况	相关分析、因果分析	管理评审报告	公司决策层
过程管理层	月度经营例会	KPI、财务分析、经营分析、市场预测等	趋势分析、对比分析、差异分析、因果分析	月度经营分析报告、月度销售计划	经理级以上
	月度项目例会	顾客服务	趋势分析、对比分析、差异分析、因果分析、头脑风暴	里程碑输出物	项目部战略管理部
	月度安全环保例会	安全环保管理	对比分析、差异分析、因果分析	安全环保管理报告	经理级以上
	顾客满意度调查	产品质量、服务、性价比	对比分析、因果分析	顾客满意度调查报告	营销中心
	电商顾客满意度调查	产品质量、服务、性价比	趋势分析、对比分析、差异分析、因果分析	电商顾客满意度调查报告	营销中心
操作执行层	每日销售费用分析表	销售、费用对比	对比分析	销售日报表	营销中心

（二）组织绩效评价

针对各层次绩效，公司建立了以日、周、月、季、半年、年为周期的分析机制，通过质量报告、销售分析报告、项目报告等方式，进行绩效分析；同时通过各层次日、周、月、季、半年、年度会议等例会，集中评价绩效情况，公司绩效评价系统见表7-9。

表 7-9　公司绩效评价系统

周期	指标类别	分析和评价方式	主持	参与	分析和评价内容
日	日常运营	班前会议	车间班组	车间班组	分析日生产情况
		生产计划会	生产管理部	车间、仓库	生产计划物料跟踪
周	过程绩效	车间资料统计	生产管理部	车间、生产管理部、质量管理中心	总结分析成本质量控制、订单完成情况等
		QC改善项目会	质量管理中心	生产管理部、质量管理中心	项目策划、跟踪、分享
		供应商质量问题分析会	生产管理部	供应链管理部门、采购部门	围绕顾客反馈的供应商质量问题,进行问题分析,并进行改进和验证
		质量分析会、顾客反馈分析	质量管理中心	合同技术、供应商管理、销售管理部门	围绕顾客反馈的质量问题,召开质量问题分析评审会,分析质量管理水平
		制造周会	生产管理部	车间、研发管理部门	主要采用目标趋势分析法、原因分析法,形成改进对策并跟踪落实
		销售周会	营销中心	营销部门、分公司	分析销售业绩完成情况和问题
	公司KPI	各部门例会	各职能部门	本部门员工	分析部门工作重点及绩效实施情况
月	公司KPI	公司管理层会议	总经办	各部门负责人	经营管理重大事项及其绩效实施情况,公司成就、竞争绩效、应变能力、发展趋势、行业对比、市场预测等
		目标完成情况分析会	质量管理部门	高层和各部门负责人	分析绩效指标的实施情况,对连续三月未达标指标,分析原因,提出相应对策
		质量安全月会	质量管理部门	高层和各部门负责人	总结当月质量安全问题,分析原因,提出相应对策
	过程绩效	战略竞争力月会	质量安全中心	核心团队成员	围绕战略竞争力模式,跟踪项目进展
		月度销售经营会	总经办	各部门负责人	总结分析本月经营目标的实施情况

周期	指标类别	分析和评价方式	主持	参与	分析和评价内容
季	过程绩效	人力资源会	人力资源部	各部门负责人	分析人员情况、人力资金情况、人力效率数据及重点工作推进情况
		营销会议	营销中心	高层，销售大区、分公司负责人	分析销售业绩完成情况,制定目标和政策
半年	公司KPI	半年经营分析会	总经办	高层和各部门负责人	总结、分析和评价上阶段经营情况,采取对策措施
		营销半年会	营销中心	高层，销售大区、分公司负责人	总结、分析和评价上阶段经营情况,采取对策措施
年	公司KPI	年度总结和计划会	总经办	高层和各部门负责人	总结分析本年度战略目标、经营目标的实施情况,制定下年度目标
		公司管理层和各部门年度述职会	总经办各部门领导	各部门	个人绩效完成情况
		管理评审会、卓越绩效自评、第三方评审	质量安全中心	高层、各部门负责人	分析三标一体、测量管理体系实施的有效性,实现持续改进
	过程绩效	供应商年会	战略采购中心	质量管理部门	优秀供应商、战略供应商发布,供应商质量、交付等指标通告

公司采用时间序列、趋势图、柱状图、因果分析和相关与回归分析等工具方法进行绩效分析，以揭示绩效数据的内在规律性并将其可视化，为绩效评价提供依据。

（三）根据绩效评价结果，确定改进的优先顺序，识别创新机会

公司通过定期的绩效评价，确定改进的优先次序，并发现创新机会，以便在全公司范围内推进绩效改进。公司基于三大要素（战略目标影响、紧急程度、资源投入可行性），以及趋势与对比情况，确定改进与创新的优先

次序和项目（见表7-10），落实责任部门、责任人和完成时间，由归口管理职能部门对改进与创新过程、效果进行跟踪，直到问题解决为止。

表 7-10 改进与创新的优先次序和项目

指标	评价维度			合计	是否优先	改进与创新项目
	战略目标影响	紧急程度	资源投入可行性			
销售收入	10	10	10	30	是	调整销售策略
市场占有率	10	9	8	27	是	增加机场广告
人均产值	8	8	7	23	是	智能化制造
员工满意度	8	6	7	21	持续	—
培训小时数	6	6	7	19	持续	—

公司所进行的改进与创新主要分为两类：一类是突破性改进与创新，即对现有产品、过程或体系的重大改进，或用全新的产品、过程或体系来取代现有产品、过程或体系；另一类是渐进性改进，即对现有产品、过程或体系进行不断改进。

根据需要，公司绩效改进与创新将在内部和外部两个层次开展。在内部集中资源，通过跨部门小组或项目团队的方式，进行根源分析，并找出解决方案。在外部协同顾客和供应商，对优先解决的问题进行分析和研究，共同改进，以实现互利共赢。

第二节 持续改进与创新

公司不断利用测量和分析识别改进的机会，确定改进方向，设定目标，制订计划，实施重点改进。改进范围覆盖财务、市场、人力资源、组织治理、社会责任等业务层面，并在公司战略规划调整时，考虑顾客与相关方需求的变化，按 P-D-C-A 循环，通过制订、实施、跟踪与评价绩效改进计划，促进公司和相关方绩效的共同提高，改进的成果及经验被纳入公司知识系统管理。

一 改进与创新的管理

（一）改进与创新的策划

1. 制订改进与创新计划

公司基于战略制定和实施对改进与创新进行策划，既包括基于新战略的改进与创新项目（从无到有），也包括基于绩效测量、分析和评价的改进与创新项目（从有到优），通过回顾战略目标和实施计划、过程KPI的完成情况，倾听顾客的声音，运用SCS战略竞争力改进与创新系统中的方法和工具，进行改进和创新。按照改进与创新项目分类（见表7-11）和对应的改进方法，制订改进计划并实施改进。

表7-11 改进项目分类

组织层面	改进项目	责任部门	立项时间	审核机构
公司管理层	战略调整、重大技改、重大流程改进与创新,创新商业模式	总经办	年初列入年度计划	董事会
过程管理层	管理流程改进与创新、营销服务改进与创新、研发系统改进与创新、安全管理改进与创新	各相关职能部门	年初列入年度计划	高层领导
操作执行层	优质服务、产品质量、降低成本	各中心及职能部门、项目部	随时提出	各职能部门

2. 制定改进目标

将公司目标展开为各单位目标，使改进工作与全公司目标环环相扣、责任分明。改进目标制定过程见图7-3。

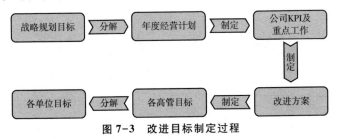

图7-3 改进目标制定过程

（二）实施、测量、评价改进与创新活动，确保改进与创新的有效性

SCS 模型在 3 个不同层次采取不同的方法和工具：公司级由质量管理中心负责整体方法论的培训、指导、项目跟踪和激励表彰活动；部门级是改进的主要实施对象，负责相关领域改进和创新的具体活动；基层级主要负责现场改善、问题和建议的收集，应用简单的工具，如合理化建议、OPL、五问法等。

公司以流程制度规范各项改进活动的实施、效果的测量和奖惩，先后制定了《质量改进与创新管理办法》《合理化建议管理办法》《6S 管理办法》等制度。不同类型的改进项目由相应的职能部门组织开展、检查、评价和表彰，采用全过程跟踪和形式多样的管理方法，如成立项目攻关组、QC 小组等，建立项目分析模式。重大改进项目须在经营分析会、月度总经理办公会或专题会议上向上一级管理层汇报。通过季度和年度经营分析会、专题分析会、年度战略研讨会等多种方式评估公司改进计划的进展、改进资源的使用效率和组织绩效改进的能力，同时对改进活动采用的改进方法的有效性、准确性进行评价。

对成立了专项课题的操作层的改进评价，由项目组或组织部门核实和确认成果内容后，评价设定的目标、经济效益及有效措施是否已纳入标准制度以及成果在行业或公司内的水平等。公司各类改进活动都由组织部门定期进行效果评价，每年通过年终总结大会等对绩效改进优秀项目和人员进行表彰，给予其适当的物质奖励和精神激励，获得公司级以上奖励的记入人力档案，在选拔人才、聘用人才、评比先进时优先考虑改进活动中表现突出的人员。

二　改进与创新方法的应用

（一）开展全员参与的改进与创新活动

公司实施"卓越绩效"的管理模式，严格推行"零缺陷"的管理办法，遵循"四不放过"原则，采用 PDCA、QC 改进措施，有效地促进了产品质量过程管理的整体改进，使公司产品质量一直稳定在较高水平，得到顾客的一致认可（见表 7-12）。

表 7-12　公司改进方法及成果

改进方法	实施部门	改进措施	改进成果
市场战略	营销中心	抓好市场拓展,通过新媒体、广告等加强品牌建设,提高产品知名度	市场战略日趋成熟,销售模式逐步完善,市场取得了飞跃式发展
工艺改进	质量管理部门	通过外聘专家指导及强抓内部管理,完善和改进了女装假发产品的部分生产工艺,规范和提升了各项生产标准	逐步改变了大出大入的生产模式,全面实施了精细化作业,有效提升了假发产品品质
专业化生产改进	生产管理部	公司细分了生产流程,从色发到工艺发均成立了高档成品生产专线,假发部分为欧美假发部和国内假发部,实施分线管理	增强了广大员工的质量意识,大幅提高产品质量
技术改造	研发管理部门	始终坚持"自主研发、自主创新"的发展道路,加大研发投入	实现产品改进与升级,迈入高档化、精细化、品牌化发展,形成自我品牌优势
设备改造	设备安全环保处	抓好工业化项目的推进,加大现有工艺设备改造力度,充分利用资源实施节能环保项目,从工艺源头进行设备改造	逐步实现手工生产向机械生产方式的转变,机械作业向半自动、自动作业方式的转变
合理化建议	总经办	成立专项领导小组,有针对性地对合理化建议提出切实可行、便捷实用的解决办法	通过有效改良岗位生产状况提升员工满意度
现场改进小组	生产管理部	在生产一线严格查找存在问题,提出合理的改进建议,并委派相关领导负责监督限时改进	使生产一线的安全、卫生环境大幅提高,管理水平大幅提高

（二）广泛应用各类统计技术和其他方法，持续改进

公司采用各种创新方法实施改进，如缺点列举法、检核表法、分类法等，同时加强先进统计工具和数据分析方法的培训和应用，以保证统计分析的效率和质量（见图 7-4）。

图 7-4　统计技术的应用

【案例1：化纤发工艺改进】化纤发生产工艺经过多年的发展，生产工艺类型不断创新，生产设备不断改进，生产操作由原来纯手工生产，发展为半机械化、机械化以及智能化生产，生产效率不断提升。2020年新推出的智能一体化生产线，不仅压缩工艺流程，降低人工成本，更使生产效率得到进一步提升。化纤发操作工艺的变化，带动整体化纤发生产效率的提升，化纤发由最初的年产200万套发展至如今的年产2000万套，实现产能、效率提升的双飞跃（见图7-5）。

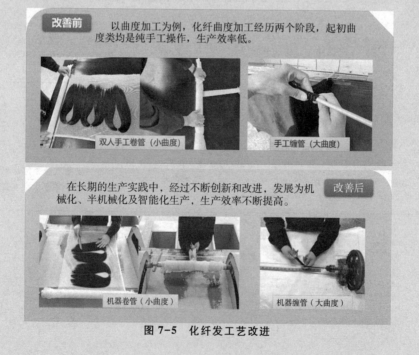

图 7-5　化纤发工艺改进

【**案例 2：研制新型缠线机**】随着市场需求的变化，公司自主研发的自制新型原丝缠线机产品，凭借着独特的原丝加工状态，订单量不断增加。原来的生产线，日产原丝产能与裁断工序产能严重不匹配，裁断工序需要将单根发丝重复多次裁剪，生产难度大、生产用时长，导致原丝厂原丝大量积压和下道工序无产品生产。新型缠线机产品生产流程由 5 步减少为 3 步，缩减计量工序，生产效率得到大幅提升，平均每条生产时间由 9 分钟减少到 3 分钟，并且减少了修剪工序、降低了产品损耗（见图 7-6）。

图 7-6 新型缠线机

第八章
卓越经营质量：行稳方能致远

瑞贝卡以"两个拥有"为目标，实施多品牌战略，走全球化发展道路，聚焦寻求美丽的消费群体，打造"顶上时尚"，为消费者提供完美的发型解决方案，以美丽为主题拓展业务，实现由加工制造型企业向品牌、技术、营销型企业转型升级，成为全球最具影响力的"时尚"品牌运营集团。

受国际政治和经济等影响，消费需求有所波动，发制品行业和公司的全球化运营面临的不稳定、不确定因素增多。公司继续贯彻"稳健经营、稳中有进、有所作为"的经营理念，深耕产业全球供应链条，提升境外生产基地产能，有效降低生产成本，提升工业化和标准化水平，借助信息化和数字化手段赋能经营，线上线下融合发展，国内国际双循环驱动，使公司全球化运行水平有所提升，在新冠疫情导致生产、物流、线下零售终端等遭受不利影响的情况下，确保了企业的平稳运行。

第一节 产品和服务的结果

公司大力实施"科技、人才、品牌"三大发展战略，坚持"优质＆时尚"的产品定位，以消费者为中心，创造出更具价值的产品和服务，持续提升公司竞争力。

公司多年来重视新技术的研发以及管理模式、销售模式的创新，旨在为公司各类顾客提供"最优质的产品"。"做好每一根头发丝"不仅仅是对产品的标准，更是瑞贝卡人做事的态度。近年来，瑞贝卡公司的顾客满意度和顾客忠诚度不断提升，产品和服务的结果也一直处在行业前列，是行业标杆和行业标准的制定者。

一　主要产品质量和服务绩效

（一）主要产品质量

主要产品的各项检测指标均达到或超过国家标准，公司的所有产品连续三年在国家质量管理部门的抽查中合格率为100%（见表8-1）。

表8-1　产品检验情况

时间	产品名称	抽查部门	抽查结论
X年	头套	公司送检（未抽检）	合格
X+1年	头套	公司送检（未抽检）	合格
X+2年	头套	公司送检（未抽检）	合格

公司的主要产品——工艺发条、化纤发条、人发假发、化纤假发、教习头，各项关键质量控制指标均实施国家或行业标准，做到高效生产、低碳环保。可通过产品基本性能的可靠性试验和产品商品性能的顾客感知评价，测量产品的绩效（见表8-2）。

表8-2　主要产品质量水平

产品	测量指标	X年	X+1年	X+2年	国标
工艺发条	甲醛	未检出	未检出	未检出	≤75
	单根发断裂强力	112	115	120	≥40
	湿摩擦色牢度	4	5	5	≥3
	人发含量	100	100	100	≥98

续表

产品	测量指标	X 年	X+1 年	X+2 年	国标
化纤发条	甲醛	未检出	未检出	未检出	≤75
	单根发断裂强力	102	104	110	≥40
	湿摩擦色牢度	5	5	5	≥3
	耐日晒色牢度	4	4	4	≥4
人发假发	甲醛	未检出	未检出	未检出	≤75
	单根发断裂强力	107	126	102	≥40
	湿摩擦色牢度	4	4	4	≥3
	人发含量	100	100	100	≥98
化纤假发	甲醛	未检出	未检出	未检出	≤75
	单根发断裂强力	110	112	115	≥40
	湿摩擦色牢度	4	4	4	≥3
	耐日晒色牢度	4	4	4	≥4
教习头	甲醛	未检出	未检出	未检出	≤75
	单根发断裂强力	108	110	114	≥40
	湿摩擦色牢度	4	4	4	≥3
	人发含量	100	100	100	≥98

多年来公司一直注重产品的可靠性和合格率，对产品的一次性合格率提出了高要求与高标准，公司近三年的产品一次性合格率上有较大的进步。该指标在一定程度上可以反映出公司产品的可靠性（见表8-3）。

表8-3　各部门产品一次性合格率

单位：%

生产部门	X 年	X+1 年	X+2 年
发条一部	99.85	99.86	99.77
发条二部	100.00	100.00	100.00
欧美假发部	99.46	99.53	99.42
国内假发部	100.00	100.00	100.00
人发假发部	99.87	99.96	99.98

生产部门	X 年	X+1 年	X+2 年
瑞黎公司	99.22	99.62	99.67
教头部	98.99	98.99	98.99
色发部	99.76	99.65	99.61

（二）服务绩效

公司的服务绩效水平见表8-4。

表 8-4 公司服务绩效

指标	X 年	X+1 年	X+2 年
国内店铺数量（家）	199	197	194
产品交付合格率(%)	100	100	100
产品准时交付率(%)	100	95	96
投诉处理及时率(%)	100	100	100

二 主要产品质量和服务绩效与国内外及竞争对手的比较

（一）主要产品质量水平对比

公司的人发发套、人发发条以及化纤发条的产品质量水平处于行业前列，领先国内外企业，这与公司对于产品的高标准和对生产过程的严格把控密不可分，主要产品质量水平的比较见表8-5。

表 8-5 公司主要产品质量水平与国内外比较

产品名称	执行标准号	指标	本单位水平	国内领先水平	国际先进水平
人发发套	GB/T 23170—2019	甲醛	29	30	≤29
		单根发断裂强力	110	101	≥110
		湿摩擦色牢度	5	4	≥4.5
		人发含量	100	99	≥100

续表

产品名称	执行标准号	指标	本单位水平	国内领先水平	国际先进水平
人发发条	GB/T 23168—2019	甲醛	20	29	≤29
		单根发断裂强力	105	90	≥100
		干摩擦色牢度	5	4.8	≥5
		耐日晒色牢度	5.1	5	≥5
化纤发条	GB/T 23168—2019	甲醛	20	26.7	≤20
		单根发断裂强力	110	109	≥110
		湿摩擦色牢度	4.5	4	≥4.5
		耐日晒色牢度	4	4	≥4

瑞贝卡近年的竞争对手主要是 X 公司，瑞贝卡产品在某些方面有着明显的优势（见表 8-6）。

表 8-6　瑞贝卡与 X 公司的主要产品质量水平比较

产品名称	企业	指标	X 年	X+1 年	X+2 年	国标
人发发条	瑞贝卡	甲醛	未检出	未检出	未检出	≤75
		单根发断裂强力	107	126	102	≥40
		湿摩擦色牢度	4	4	4	≥3
		人发含量	100	100	100	≥98
	X 公司	甲醛	未检出	未检出	未检出	≤75
		单根发断裂强力	88	90	93	≥40
		湿摩擦色牢度	3	4	4	≥3
		人发含量	99	99	99	≥98
化纤发条	瑞贝卡	甲醛	未检出	未检出	未检出	≤75
		单根发断裂强力	102	104	110	≥25
		干摩擦色牢度	5	5	5	≥4
		耐日晒色牢度	4	4	4	≥4
	X 公司	甲醛	未检出	未检出	未检出	≤75
		单根发断裂强力	80	83	85	≥25
		干摩擦色牢度	4	4	4	≥4
		耐日晒色牢度	3	4	4	≥4

续表

产品名称	企业	指标	X 年	X+1 年	X+2 年	国标
人发头套	瑞贝卡	甲醛	未检出	未检出	未检出	≤75
		单根发断裂强力	107	126	102	≥25
		湿摩擦色牢度	4	4	4	≥3
		人发含量	100	100	100	≥98
	X 公司	甲醛	未检出	未检出	未检出	≤75
		单根发断裂强力	89	89	90	≥25
		湿摩擦色牢度	3	4	4	≥3
		人发含量	99	99	99	≥98

注：检测对标数据来自公司自行检测。

（二）服务绩效与竞争对手的比较

服务绩效与竞争对手的比较见表8-7。

表 8-7　服务绩效与竞争对手的比较

单位：家，%

指标	对比企业	X 年	X+1 年	X+2 年
国内店铺数量	瑞贝卡	199	197	194
	R 公司	54	56	58
产品准时交付率	瑞贝卡	100	95	96
	X 公司	94	92	90
	R 公司	88	85	89

三　主要产品和服务的特色和创新成果

（一）产品特色

公司自主研制出新型纤维材料，不断推陈出新、升级换代，技术水平居于国际领先地位，填补了我国在仿人发纤维领域的空白，拉长了公司的产业链条。子公司抚顺瑞华纤维材料公司生产的腈纶纤维被评为

"辽宁名牌产品",全自动化生产产品与纤维原丝紧密结合,受到市场肯定,供不应求。

近年来,公司有 7 项科研成果荣获省级科研成果奖,获得各种专利证书400 多项。在发制品新材料、新设备、新工艺研发领域充分发挥了带动作用。

（二）服务特色

公司电商由流量型思维向价值型思维转变。建立与维护独立站,运用第三方平台销售,把"内容"作为第一,传递产品特点,做出有吸引力的方案,用内容建立消费者对品牌的信任,结合媒体、公关等外部资源,打造出价值和原创内容相结合的新模式。此外,完善电商渠道布局,实行Rebecca、Sleek 双品牌线上运营。

第二节　顾客与市场的结果

顾客满意度一直是瑞贝卡公司不懈追求的目标。顾客满意度和顾客忠诚度是未来市场指标（销售收入、市场占有率等）的风向标指标,公司以内部月度调研顾客满意度为基础,结合第三方调查报告进行市场结果、顾客满意度综合和专项调查,并对调查结果进行分析和持续改进。

一　顾客方面的结果

（一）顾客满意度的当前水平与趋势

在国际市场,公司借鉴美国顾客满意度指数模式（ACSI）,设定了适合自身的顾客满意度调查模式（CSS）,全面地了解顾客的感受。在国内市场,公司通过《客户满意度调查问卷》和"400 全国客服热线"定期对加盟商和会员进行回访,及时了解顾客满意程度（见表 8-8）。

表 8-8　顾客总体满意度趋势

单位：分

分类	X 年	X+1 年	X+2 年
国内顾客满意度	91.00	91.80	92.70
国际顾客满意度	93.78	91.40	92.00

在国内和国际市场上，公司按照《客户满意度调查问卷》对顾客满意度进行了分指标统计，以此了解公司在各个方面的不足和优势，并加以改进和创新（见表 8-9）。

表 8-9　国内、国际顾客满意度分指标统计

单位：分

区域	指标	X 年	X+1 年	X+2 年
国内	产品研发	91.00	91.20	91.50
	产品质量	92.00	92.30	92.10
	门店服务	89.00	90.10	91.70
	会员制度宣传	100.00	100.00	99.90
国际	产品质量	94.13	91.97	92.59
	产品研发	91.38	90.63	89.71
	供货	95.21	90.25	92.54
	服务	94.40	92.80	93.10

对于国际、国内线上与线下的满意度测评，瑞贝卡公司坚持使用符合各部门特点的、能够反映问题的顾客满意度调查指标和方式，这有利于各部门迅速找到自己在某方面的不足。对于电商部门，采用 NPS，即顾客净推荐值（见表8-10）；而对于驻外公司和营销中心则采用另一套调查指标（见表 8-11）。

表 8-10　电商部门满意度

单位：%

指标	X 年	X+1 年	X+2 年
NPS	37.29	17.58	18.15

表 8-11 驻外公司满意度

单位：分

地区	X 年	X+1 年	X+2 年
尼日利亚	87.71	96.02	93.92
加纳	91.21	92.52	92.16
南非	92.77	97.66	91.96
坦桑尼亚	93.52	91.80	91.84
肯尼亚	94.63	91.86	95.04
英国	94.77	97.36	95.14
法国	92.85	96.40	95.86
巴西	98.05	98.20	97.08

　　瑞贝卡公司始终关注顾客的满意度评价，这与公司日常对于产品质量和服务态度的严格把控是相辅相成的。瑞贝卡公司对于顾客投诉和顾客意见的反馈有着严格的流程和高标准的要求，对于终端顾客的投诉，公司会通过不懈努力达到最终服务得到顾客认可的目的，表 8-12 是公司近三年对于终端顾客投诉的统计。

表 8-12 终端顾客投诉统计

单位：次，%

指标	X 年	X+1 年	X+2 年
顾客投诉量	39	50	60
售后服务投诉量	24	39	50
产品质量投诉量	15	11	10
顾客投诉及时响应率	100	100	100
有效解决率	100	100	100

　　注：顾客投诉及时响应指收到投诉后 24 小时内答复、48 小时内给出解决方案。

　　（二）顾客满意度与竞争对手的比较

　　公司始终注重与竞争对手的顾客满意度的比较，国内市场的主要竞争对手是 R 公司，国外市场的主要竞争对手是 X 公司，比较结果见表 8-13。

表 8-13　国内、国际顾客满意度与竞争对手比较

单位：分

指标	公司	X 年	X+1 年	X+2 年
国内顾客满意度	瑞贝卡	91.00	91.80	92.70
	R 公司	90.30	90.80	91.10
国际顾客满意度	瑞贝卡	93.78	91.40	92.00
	X 公司	91.60	91.50	91.08

（三）顾客忠诚度当前的水平与趋势

公司非常重视老顾客的忠诚度，对于国际经销商采取严格的价格保护措施，以稳定的价格机制维护市场秩序。另外，给予老顾客充分的广告支持、培训支持以及货源紧急情况下优先供货等支持措施，确保老顾客的忠诚度和信任度。近三年瑞贝卡公司与主要顾客群体一直保持着连续的签约合作关系，通过持续改进，增强了顾客对公司的信任度和忠诚度（见表 8-14）。

表 8-14　顾客忠诚度

单位：分

区域	X 年	X+1 年	X+2 年
国内	87.2	85.8	86.4
国际	88.3	87.8	89.6

公司将国内线下、国内线上与国际线上的复购率作为评判顾客忠诚度的关键指标（见表 8-15）。

表 8-15　顾客复购率

单位：%

类型	X 年	X+1 年	X+2 年
国内线上	12.30	13.50	14.40
国内线下	23.00	26.00	28.00
国际线上	21.34	22.18	24.17

　　而对于经销商和加盟商，则将合作年限和关键顾客销售量作为关键指标（见表 8-16）。在国际经销商中，有 17 位合作时长在 15 年以上的顾客，他们的年购买量达到美洲市场销售额的 80% 左右。

表 8-16　顾客合作年限

单位：位

类型	5~10 年	10~15 年	15 年以上
国际经销商	3	11	17
国内加盟商	154	72	100

二　市场结果

　　公司多年来专注假发产品的研发与销售，在行业内拥有举足轻重的地位。实体经济整体的不景气，导致国内线下市场的占有率有所下降，但是瑞贝卡国内线下市场的占有率仍居行业第一，公司通过销售通路的不断建设和战略的不断更新，使其市场占有率保持健康发展的趋势（见表 8-17）。

表 8-17　市场占有率一览

单位：%

年份	美洲市场	非洲市场	国内线下	国内线上	国际线上
X 年	3.9	6.0	48.0	1.1	1.2
X+1 年	3.8	5.0	45.0	1.3	2.3
X+2 年	4.0	5.5	43.0	1.5	3.7

　　由于跨境电商的发展和出口税收的变化以及中美贸易摩擦，加之全球新冠疫情对经济造成的影响，中国发制品行业近几年出口水平整体下滑。由于战略调整及时，瑞贝卡的销售额有所回升（见表 8-18）。

表 8-18　销售额一览

单位：万元

年份	国内销售额	国际销售额	总销售额
X 年	37267.24	144662.10	181929.34
X+1 年	31838.44	101120.20	132958.64
X+2 年	29153.51	127409.98	156563.49

第三节　财务结果

近三年来，受全球新冠疫情影响，公司的主营业务收入波动较大，随着全球化产销研战略的持续推进，海外生产基地日益壮大，营业收入和净利润大幅下滑的趋势已明显扭转（见表 8-19），公司各项财务指标表现较好，良好的业绩为公司未来的业务发展提供了强有力的支撑。

表 8-19　财务指标情况

指标	X 年	X+1 年	X+2 年
总资产（万元）	502589.37	484553.39	481339.34
营业收入（万元）	181929.34	132958.64	156563.49
纳税总额（万元）	9874.71	6886.61	8587.16
净利润（万元）	21178.95	3814.16	6020.59
出口创汇（万美元）	12528.00	9294.00	13485.00
净资产收益率（%）	7.45	1.32	2.16
资产负债率（%）	42.93	42.76	42.03
应收账款周转率（%）	8.88	5.54	6.75
存货周转率（次）	0.36	0.28	0.35
总资产周转率（%）	36.79	26.94	32.42

第四节 资源结果

一 人力资源的结果

（一）工作系统绩效主要测量指标的当前水平和趋势

公司通过业务流程重组，优化机构及岗位设置；通过改进工艺、引进设备，提高自动化程度，使全员劳动生产率、人均利税率逐年上升，整个工作系统得到有效改善。

（1）公司规模逐年扩大，扩张加速，对管理储备干部的需求增加（见表8-20、表8-21）。

表 8-20 管理人员占比变化

单位：%

指标	X 年	X+1 年	X+2 年
管理人员占比	10.7	11.0	11.5

表 8-21 各级岗位人员新增数量及比重

单位：人，%

层级	人数	比重
高管人员	27	2.07
管理人员	421	32.29
其他各级员工	856	65.64

（2）优秀的企业组织对团体灵活性和应变性的要求提高（见表8-22）。

表 8-22 岗位轮换率统计

单位：%

指标	X 年	X+1 年	X+2 年
岗位轮换率	8.0	4.6	7.0

（3）公司注重人才培养，采取"文化留人、事业留人、待遇留人"等一系列的有效措施来吸引、留住人才（见表8-23）。

表8-23　关键员工流失率

单位：%

指标	X 年	X+1 年	X+2 年
关键员工流失率	0.7	1.2	0.8

（4）公司把员工的职业发展与公司的发展紧密结合起来，实行完善的晋级制度，搭建员工持续提升的良好平台（见表8-24）。

表8-24　员工晋升率

单位：%

指标	X 年	X+1 年	X+2 年
员工晋升率	3.98	4.00	4.03

（5）公司的不断扩张提高了对管理人员的需求，公司合理把控人员结构，并不断优化（见表8-25、表8-26）。

表8-25　人员学历结构变化

单位：人

年份	专科	本科	硕士及以上
X 年	635	460	22
X+1 年	601	447	23
X+2 年	608	467	18

表8-26　专业技术人员占比

单位：%

指标	X 年	X+1 年	X+2 年
专业技术人员占比	10.6	11.0	10.9

（6）公司近三年的全员劳动生产率持续增长（见表8-27）。

表 8-27　全员劳动生产率

单位：万元/人

指标	X 年	X+1 年	X+2 年
全员劳动生产率	9.07	9.25	12.77

（7）随着公司盈利能力的提升，员工的收入也得到同步提高（见表8-28）。

表 8-28　员工平均薪酬增长率

单位：%

指标	X 年	X+1 年	X+2 年
员工平均薪酬增长率	6.0	6.0	5.6

（8）公司为打造国内领先的制造工艺，创建了领先同行业的研发团队，先后聘请美国、日本的技术专家作为公司的常年顾问。

（9）公司注重营造浓厚的学习、竞争、鼓励奋进的良好氛围，每年组织员工参与技能、文化、体育等培训和竞赛活动，先进员工不断涌现（见表8-29）。

表 8-29　员工表彰、奖励统计

单位：人，个

项目	X 年	X+1 年	X+2 年
劳动模范	3	2	1
五一劳动奖章	3	1	2
大工匠	1	1	1
技术能手	88	91	87
先进工作者	134	140	131
先进单位	12	12	7

（二）员工学习和发展的主要测量指标及其当前水平和趋势

公司的发展对员工的素质要求越来越高，公司一直重视企业文化建设，对员工的培训要求也连年提高。

随着公司改革的不断深化，对员工素质和技能的要求越来越高，公司对培训形式也进行了调整，尤其注重对生产第一线员工的实际操作技能培训、交叉培训，以及复合型人才的培养。公司同时注重后备人才的培养，对于有潜力、有发展前景优秀的员工，给予外派培训、培养锻炼的机会。

1. 培训计划完成情况和员工对培训的满意度（见表8-30）

表8-30　培训计划完成情况和员工对培训的满意度

指标	X 年	X+1 年	X+2 年
培训人次	10100	12410	11990
培训计划完成率（%）	100	100	100
员工对培训的满意度（分）	97	97.5	97

2. 培训经费投入（见表8-31）

表8-31　培训经费投入

单位：万元

指标	X 年	X+1 年	X+2 年
培训经费投入	182	121	155

（三）员工权益、满意程度的主要测量指标及其当前水平和趋势

公司重视员工权益的保护，不断改善员工办公、作业环境，积极开展员工满意度调查及各类群众性质量活动。

1. 工作环境改进效果（见表8-32）

表8-32　工作环境改进情况

单位：%，万元

指标	X 年	X+1 年	X+2 年
员工劳保用品发放配置率	100	100	100
劳动保护费用投入	51.36	70.06	74.86

2. 合理化建议数（见表8-33）

表8-33　合理化建议数

单位：个

指标	X 年	X+1 年	X+2 年
合理化建议数	102	108	110

3. 员工抱怨处理率（见表8-34）

表8-34　员工抱怨处理率

单位：%

指标	X 年	X+1 年	X+2 年
员工抱怨处理率	100	100	100

4. QC 小组活动（主要为公司内部组织）（见表8-35）

表8-35　QC 小组活动成果

指标	X 年	X+1 年	X+2 年
QC 小组获奖	发条二部、人发假发部、国内假发部	发条二部、纤维部、临颍瑞贝卡	发条二部（省级）、国内假发部、欧美假发部
经济效益(元)	504681.0	3118249.0	716598.5

5. 员工满意度（见表8-36）

表8-36　公司员工满意度

单位：分

指标	X 年	X+1 年	X+2 年
员工满意度	85.6	88.0	87.8

二 财务资源的结果

公司历年的财务资源结果见表 8-37。

表 8-37 财务资源结果

单位：%

指标	X 年	X+1 年	X+2 年
预算准确率	95.00	80.00	96.00
预算执行率	94.80	80.47	104.27
费用控制率	95.85	87.97	104.30

三 信息和知识资源的结果

公司历年的信息化建设投资情况见表 8-38。近年来，公司信息化建设取得了较快的发展，信息化全面管理基本实现。

表 8-38 信息化建设投资情况

单位：万元

指标	X 年	X+1 年	X+2 年
信息化建设投资	70	50	165
软件系统投资	65	40	135
硬件系统投资	5	10	30

四 技术资源的结果

瑞贝卡拥有较强的技术创新能力，目前拥有 427 项专利，近三年共取得了 67 项专利（见表 8-39）。

表 8-39　获得专利授权结果

单位：项

类型	X 年	X+1 年	X+2 年	总计
发明专利	2	3	1	6
外观设计专利	4	5	0	9
实用新型专利	16	15	21	52

公司积极参与标准的制定，多年来承担全国发制品标准化技术委员会秘书长职责，牵头制定、修订了多项国家、行业标准，截至 2021 年，共参与制定标准 16 项（见表 8-40）。

表 8-40　主要参与制定行业及国家标准

单位：项

指标	X 年	X+1 年	X+2 年	总计
参与制定国家标准(含修订)	5	2	2	9
在研国家标准(含修订)	1	1	2	4
在研行业标准	1	1	1	3

（一）产学研合作情况

公司与高校、科研单位建立了长期合作。2019 年瑞贝卡公司与河南省科学院高新技术研究中心合作"高仿真人发假发用耐高温聚酰胺类纤维研究与开发"项目，开发高仿真人发假发用耐高温聚酰胺类纤维产品，与东华大学合作"超仿真人发纤维关键技术及装备研究与开发"项目，开发超仿真人发纤维及装备。

（二）研发投入占销售收入比重

公司研发投入占销售收入比重见表 8-41。

表 8-41　研发投入占销售收入的比重

单位：%

指标	X 年	X+1 年	X+2 年
研发投入占销售收入比重	3.61	4.61	3.74

五 基础设施资源的结果

公司通过不断提升技术和工艺装备水平，积极引进国际先进生产加工和检测设备，同时注重自主开发，结合公司生产经营需要，针对性进行设备设施改进升级，使基础设施资源得到较大的补充和完善，为生产经营的正常有序开展提供坚强的硬件支持（见表 8-42）。

表 8-42　基础设施新增投入

单位：万元

指标	X 年	X+1 年	X+2 年
基础设施新增投入	120.32	403.90	1278.81

六 相关方关系资源的结果

（一）供方资源

在与供应商保持相对稳定关系的同时，公司在质量、数量、成本等各方面努力平衡以提升资源的价值，并给双方带来最大利益。公司努力协调质量、交货期、成本等因素之间的关系，以"诚信、负责"的原则，与各供方保持良好关系（见表 8-43）。

表 8-43　相关方关系结果

单位：%

指标	X 年	X+1 年	X+2 年
战略供应商采购量占比	62	62	63

（二）其他相关方资源

公司与各相关方保持紧密的联系，充分利用相关方的资源优势，不断改进，打造新的利润增长点。如与行业协会建立行业信息交流合作关系，与东华大学等多所科研院所建立产学研合作关系，与各大国有银行、商业银行等建立信用合作关系。

第五节 过程有效性结果

一 研发过程的结果

新产品研发周期不断缩短，处于国内领先水平，并减小了与国际水平的差距（见表 8-44）。

表 8-44 新产品研发情况

指标	X 年	X+1 年	X+2 年
新产品研发计划完成率(%)	151.91	156.61	129.40
新产品产值率(%)	52.70	74.30	70.70
研发周期(天)	90	90	90
新产品接单占有率(%)	61.61	65.28	69.12

二 质量过程的结果

瑞贝卡公司质量过程结果见表 8-45。

表 8-45 质量过程结果

单位：%

指标		X 年	X+1 年	X+2 年
产品设计质量	下卡准确率	100	100	100
	样品发送准确性	100	100	100
工序质量	一次交验合格率	99.00	99.93	99.91

三 供应链管理过程的结果

瑞贝卡公司供应链管理过程结果见表 8-46。

表 8-46　供应链管理过程结果

单位：%

指标	X 年	X+1 年	X+2 年
采购计划完成率	100	100	100
到货及时率	100	100	100
采购质量合格率	100	100	100
采购成本降低率	2.36	-1.11	2.47

四　营销过程的结果

瑞贝卡公司营销过程结果如表 8-47 所示。

表 8-47　营销过程结果

单位：%

部门	指标	X 年	X+1 年	X+2 年
国际营销部门	销售回款率	100	100	100
	合同履约率	100	100	100
	销售费用控制率	92.4	80.4	107.1
	销售计划完成率	90.4	91.2	126.2
国内营销部门	销售回款率	100	100	100
	合同履约率	100	100	100
	销售费用控制率	93.8	95.1	96.2
	销售计划完成率	95	70	92

五　制造过程的结果

公司生产组织的改善及节能对策的实施，使制造过程结果改善明显（见表 8-48）。

表 8-48 制造过程结果

单位：%

指标	X 年	X+1 年	X+2 年
生产计划达成率	94	65	95
一次交验合格率	100	100	100
制造费用降低率	2	−1	−3.5

六 人力资源管理过程的结果

人力资源管理过程的结果，见第八章第四节"一 人力资源的结果"。

七 财务过程管理的结果

财务过程管理的结果见表 8-49。

表 8-49 财务过程管理结果

单位：%

指标	X 年	X+1 年	X+2 年
预算执行率	94.80	80.47	104.27
费用控制率	95.85	87.97	104.30

八 设备管理过程的结果

设备管理过程的结果见表 8-50。

表 8-50 设备管理过程的结果

单位：%

指标	X 年	X+1 年	X+2 年
设备完好率	99.41	99.54	99.47
设备投运率	68.14	59.51	66.61

九　信息管理过程的结果

信息管理过程的结果见表 8-51。

表 8-51　信息管理过程的结果

单位：%，次

指标	X 年	X+1 年	X+2 年
信息网络系统正常运转率	99.8	99.8	99.9
重点项目关键建设完成率	100	100	100
信息安全事故次数	0	0	0
信息系统故障处理及时率	100	100	100

十　安全环保管理过程的结果

重视环境保护，遵循绿色发展，瑞贝卡被河南省生态环境厅局、工业和信息化厅评为"省级绿色企业""河南省绿色企业""河南省工业清洁生产示范企业"等，2021 年被工业和信息化部评为"国家绿色工厂"（见表 8-52）。

表 8-52　安全环保管理过程结果

指标	X 年	X+1 年	X+2 年
外排废水达标率(%)	100	100	100
外排废气达标率(%)	100	100	100
污染物综合排放合格率(%)	100	100	100
千人负伤率(‰)	0	0	0

第六节　领导方面的结果

一　战略目标方面的关键绩效指标完成情况

在宏观环境影响下，公司业务虽然受到影响，但公司及时采取应对措施，使战略目标和各项关键绩效指标达成率均达到 100%，并实现了国际市场稳步经营、国内市场稳定增长（见表 8-53）。

表 8-53　主要战略目标关键绩效指标完成情况

类别	关键绩效指标	单位	X 年		X+1 年		X+2 年	
			计划	实际	计划	实际	计划	实际
财务	流动资产周转率	%	40.89	40.32	40.50	33.67	47.30	46.54
	资产保值增值率	%	105	100.3	103	96.7	108	100.6
	销售收入	亿元	19.19	18.19	16.52	13.29	15.01	15.66
	净利润	亿元	2.50	2.12	1.12	0.38	0.80	0.60
	目标成本实现率	%	98	94.89	90	83.57	98	105.69
顾客与市场	国内市场占有率	%	50	48	45	45	45	43
	国际市场占有率	%	5	6	5	5	5	5.5
	销售数量	万件	4000	4473.5	3500	3037.7	3500	3205.8
	国内顾客满意度	分	90	91	91	91.8	92	92.7
	国际顾客满意度	分	90	93.78	92	91.4	92	92
	门店数量	家	180	199	200	197	200	194
	电商销售增长率	%	500	400	70	75	50	50
内部运营	研发投入占销售收入比重	%	3.43	3.61	3.56	4.61	3.65	3.74
	高端产品销售占比	%	20	19.4	25	24.1	25	27.1
	发明专利数	项	16	16	16	16	16	16
	产品交货及时率	%	100	95	100	75	100	97
	新产品销售占比	%	30	59.74	35	65.11	46	66.72
	残次退货率	%	0	0	0	0	0	0
	产成品周转天数	天	350	355	300	350	300	350
	准时交付率（OTD）	%	95	94	95	65	95	95
	一次交验合格率	%	98.5	99.95	98.5	99.93	98.5	99.92
学习与成长	员工满意度	分	85.6	87.7	85.6	88	85.6	87.8
	薪酬增长率	%	5	6.03	5	6	5	5.6
	培训计划完成率	%	100	100	100	100	100	100
	引进高端人才数	人	2	2	3	2	4	4
	"三废"排放达标率	%	100	100	100	100	100	100
	公益基金投入	万元	91	188	90	180	100	229

二　组织治理的结果

（一）荣誉表彰结果

公司按照"壮大瑞贝卡、完善自我、报国惠民"的价值观，严格遵守《公司法》《安全生产法》等各项法律法规要求。高层领导敬业爱岗、廉洁自律、以身作则，公司屡次获得政府、金融机构、社会团体等相关方给予的荣誉和表彰。

（二）合规经营的责任

公司领导恪尽职守、乐于奉献，强化自身廉政建设、遵规守纪，在职工中起到良好的带头作用。公司严格遵守国家法律法规开展经营活动，严格履行《公司章程》及各项规章制度，投资决策严格按规定程序实施，业绩也得到大幅提升，三年来未出现重大决策失误及违规违法行为。

（三）组织内外部审计的结果

1. 内部审计结果

公司针对内部管理制订系统的内部审计计划，开展综合审计、专项审计等活动，审计覆盖率达100%，推动管理水平的提高。树立"以审计促进公司治理"的审计理念，坚持"干审分设、以干为主、审辅于干；事先介入、事中关注、事后审计；严禁以审代干，反对以审代核，坚持问责整改"的法审法则，履行审计监督、评价、控制和服务职能。近年来，针对内部管理开展综合审计、专项审计等活动，内容涉及项目招标、工程结算、工程管理、物资管理、合同管理等方面，在公司经济管理和实现经济目标等方面发挥了积极作用。

2. 外部审计结果

外部审计由国内知名的会计师事务所进行财务管理和内控管理审计。三年来，均出具无保留意见审计报告。

（四）股东及其他相关方利益的结果

1. 股东利益

为有效保护股东利益，由董事会负责对公司各高级管理人员的职权行使、重大投资、财务收支和经济活动等组织行为进行监督、审计，保证公司活动的合法性、规范性、有效性。

2. 员工权益

公司始终坚持"以人为本"的理念，切实保障员工的合法权益。建立员工宿舍、食堂和文体活动场所等生活设施，员工满意度有所提高。

3. 供方权益

本着"风险共担、成果共享、优势互补、合作共赢"的原则，公平、公正、公开地选择供应商。每年对供应商进行调查评价，与供应商直接对话，倾听他们的需求和期望并作出改善。建立以"人人是老板"为核心的分红体制，调动合作方的积极性和责任心，开创了一条带动合作方增收致富的特色道路。

三 公共责任方面的关键绩效指标结果

公司建立并实施了有效的环境保护、安全生产和职业健康安全管理制度，能够识别和控制重大环境因素、重大危险源，满足相关法律法规要求（见表8-54）。

表8-54 公共责任方面的关键绩效指标结果

单位：起

指标	项目	X 年	X+1 年	X+2 年
环境保护	废气	达标	达标	达标
	噪声	达标	达标	达标
	废水	达标	达标	达标
	废渣	达标	达标	达标
安全生产	重大事故	0	0	0
	轻伤事故	0	0	0
	交通事故	0	0	0
	产品车事故	0	0	0
	火险事件	0	0	0
	轻微伤	0	0	0
职业健康	职业危害事故	0	0	0

四　道德行为方面的关键绩效指标结果

企业秉承"以人为本、诚信经营、开拓创新、品质卓越"的经营理念，聚焦发制品全产业链，致力于实现"两个拥有"的企业愿景，多年来获得了良好的行业和社会口碑，在社会上树立了良好的形象，得到政府及社会各界的充分认可，为公司的持续发展奠定了信用基础（见表8-55）。

表 8-55　道德行为方面的关键绩效指标结果

指标	X 年	X+1 年	X+2 年
依法纳税(%)	100	100	100
财务报表真实率(%)	100	100	100
合同兑现率(%)	100	100	100
重大经营活动违规事件(件)	0	0	0
高层领导违纪违法事件(件)	0	0	0
中层干部违纪违法事件(件)	0	0	0
员工违纪违法事件(件)	0	0	0

五　公益支持方面的关键绩效指标结果

瑞贝卡始终践行"壮大瑞贝卡、完善自我、报国惠民"的价值理念，承担着经济责任、时代责任和社会责任。截至2021年底，瑞贝卡在抗震救灾、扶贫济困、捐资助学和公共事业等公益慈善事业方面，累计捐款捐物超过1650万元。近三年支持公益事业主要领域与结果见表8-56。

表 8-56　支持公益事业主要领域与结果

项目	X 年	X+1 年	X+2 年
教育事业捐款(万元)	80	70	70
捐资助学捐款(万元)	18	10	9
慈善总会捐款(万元)	90	100	150
无偿献血(次)	1	2	2

按照"政府推动、市场运作、依托龙头、促进就业、带动脱贫"的原则，充分发挥产业扶贫、就业扶贫在脱贫攻坚中的特色和优势，公司五女店镇苗店扶贫厂安置周边村镇就业人员384人，人均年收入可达2.8万元，获得多项荣誉称号。

【案例1：疫情捐款】

在众志成城抗击新冠疫情时期，瑞贝卡集团旗下的各分子公司切实履行社会责任，积极向抗疫一线捐款。其中，河南瑞贝卡发制品股份有限公司捐款100万元。截至2020年2月，瑞贝卡集团向抗疫一线累计捐款516万元，主要用于前线防控，包括口罩、防护服、护目镜、消毒酒精等医疗物资的采购。

【案例2：驰援浚县灾区】

2021年7月受强降雨和上游水库集中泄洪等影响，浚县境内淇河、卫河、共产主义渠发生超警戒洪水，房屋被淹，良田被毁，受灾人口高达58.8万人（浚县共70万人口）。灾情发生后，瑞贝卡发制品股份有限公司董事长郑文青第一时间听取公司在浚县的生产基地——瑞黎发制品公司负责人的情况汇报，明确指出基地当前的首要任务是协助当地政府妥善安置好受灾群众，确保受灾群众生活无忧。在自身同样受灾的情况下，生产基地累计接收受灾群众340人，在基地上下的努力下，受灾群众基本生活有保障、情绪稳定。在瑞贝卡集团公司向防汛救灾一线捐款150万元后，7月29日，河南瑞贝卡发制品股份有限公司决定捐赠一批灾区急需的生活物资。之后，公司上下积极行动，短时间就筹集米3000斤、面3000斤、油600斤、蔬菜3000斤、面包100件、矿泉水100件，以及3台发动机、5台抽水泵、60套雨衣、90双雨靴及100把铁锹等抗洪物资。7月30日上午，满载爱心的车辆加紧驶往浚县。

资料来源：根据公司政府质量奖申报材料整理。

参考文献

曹军毅：《基于卓越绩效模式的企业管理创新与质量奖研究——以广东省为例》，《中国商论》2021 年第 7 期。

陈林燕：《卓越绩效模式下国企管理融合创新路径研究》，《江西科技师范大学学报》2023 年第 2 期。

戴路、王红旗、郝迎春：《构建基于四标一体的卓越绩效管理模式提升核心管理能力》，《企业管理》2012 年第 S1 期。

董俊顺、李传玉、欧阳英：《基于卓越绩效模式的绿色建造管理探索与实践》，《企业管理》2022 年第 S1 期。

付瑞婷：《基于 ESG 卓越绩效评价的水利行业运营养护类项目影响因素研究》，上海财经大学硕士学位论文，2023。

龚青亚：《"双碳"目标视域下 G 热电公司卓越绩效管理模式研究》，扬州大学硕士学位论文，2022。

胡艳琴：《卓越绩效模式在公司质量管理中的应用分析》，《商业观察》2021 年第 8 期。

黄保华、徐永如、白惠萍等：《基于"双向融入"路径的企业卓越绩效落地模式的构建与应用》，《企业改革与管理》2022 年第 19 期。

金向东：《实施卓越绩效管理模式提高企业核心竞争力》，《中国国际财经》（中英文）2018 年第 8 期。

康军：《基于卓越绩效评价准则的管理培训探讨》，《上海质量》2022

年第 7 期。

柯亨胜:《卓越绩效管理模式企业核心竞争力初探——以 A 企业为例》,《经济师》2017 年第 6 期。

李佰桥:《卓越绩效管理模式在 EXE 企业的应用研究》,苏州大学硕士学位论文,2021。

林梦笑:《卓越绩效管理模式研究述评》,《商业经济》2016 年第 7 期。

林晓:《基于卓越绩效理念的科技成果转化管理模式探索与实践》,《市场监管与质量技术研究》2023 年第 6 期。

倪红卫:《质量经理应熟练掌握质量方法、技术、工具》,《上海质量》2022 年第 4 期。

亓立博、毕鹏翔、白泽洋:《DB3205/T 1030-2021〈中小企业卓越绩效管理实施指南〉解读》,《中国标准化》2024 年第 1 期。

钱志斌:《践行卓越绩效管理 推动国有企业高质量发展》,《科技创新与品牌》2023 年第 6 期。

屈泉:《卓越绩效准则的国内外研究现状综述》,《大众标准化》2021 年第 19 期。

单祥林:《太钢不锈持续推进卓越绩效管理模式探索》,《冶金管理》2020 年第 6 期。

沈玮璐:《卓越绩效管理模式在 L 公司的应用研究》,浙江工业大学硕士学位论文,2020。

孙兴、高维奇、赵宏刚:《基于卓越绩效管理模式的企业创新机制研究与实践》,《企业管理》2018 年第 S2 期。

覃颖:《卓越绩效管理模式在企业管理中的具体运用》,《大众科技》2021 年第 4 期。

谭福成:《卓越绩效管理模式对企业财务绩效影响的实证研究——以浙江省获省、市质量奖上市企业为例》,《江苏商论》2016 年第 11 期。

谭耀奇、彭海英、熊锐等:《烟草企业新型绩效管理模式的构建与应用》,《现代商贸工业》2024 年第 7 期。

王春娟：《卓越绩效管理模式的创建及推进》，《中国电力企业管理》2014 年第 6 期。

王楠、袁舒：《运用卓越绩效推动项目成本管理水平提升》，《中国质量》2023 年第 10 期。

王晓刚、毕鹏翔、朱泽等：《一种在全员推行卓越绩效模式的方法》，《中国质量》2022 年第 10 期。

王晓刚、毕鹏翔、朱泽：《基于点线面体链的卓越绩效管理》，《中国质量》2022 年第 7 期。

王旭：《数字驱动推进卓越绩效管理的思考和实践》，《中国电业》2021 年第 8 期。

吴涛：《卓越绩效管理模式在 J 公司战略管理中的应用研究》，江苏大学硕士学位论文，2020。

夏莹：《基于卓越绩效管理模式的组织结构变革及评价体系研究》，南京财经大学硕士学位论文，2014。

邢建、姚飞、周凯等：《基于卓越绩效模式的质量管理提升》，《机械工业标准化与质量》2023 年第 2 期。

熊茂平：《卓越绩效评价准则对于组织质量管理体系提升研究》，《大众标准化》2023 年第 20 期。

胥晶、徐建平：《卓越绩效管理模式路径探讨与实践》，《管理观察》2017 年第 36 期。

徐清全、蔡春元、王晴等：《基于卓越绩效模式的供电企业全面质量管理实践研究》，《经营与管理》2024 年第 1 期。

徐晓：《卓越绩效管理模式在大丰公司的应用研究》，宁波大学硕士学位论文，2017。

姚应妮：《KS 光伏玻璃公司卓越绩效管理模式应用研究》，安徽财经大学硕士学位论文，2024。

殷伍平：《基于卓越绩效管理的电网企业过程管理体系设计及优化分析》，《江苏科技信息》2022 年第 6 期。

余飞龙、黄青、梁华：《标准化科研机构导入卓越绩效管理模式探究》，《中国标准化》2018 年第 11 期。

余国强、钱超美：《现代企业实施卓越绩效管理模式探讨》，《机械工业标准化与质量》2013 年第 2 期。

张光成：《CMC 导入卓越绩效管理模式的实践探索》，兰州理工大学硕士学位论文，2013。

张敏、邹盛、宗炫君：《基于卓越绩效导向的企业业务改进及管理创新策略研究——以电网企业为例》，《企业改革与管理》2024 年第 1 期。

赵赛锋、陈超：《基于融合理念的卓越管理模型和提升路径》，《企业管理》2022 年第 S1 期。

周筱霞：《万象公司组织绩效管理优化研究》，湖南大学硕士学位论文，2021。

朱乐宁：《能源互联网建设背景下的大型供电企业卓越绩效管理体系探索》，《现代商贸工业》2024 年第 7 期。

　　本书的完成，得到了相关课题的支持，包括"工商管理学科建设项目"、《新发展格局下制造业供应链数字化绿色化融合发展路径研究》（23YJC630067）、《区块链技术在我省知识产权保护中的应用分析、风险防范及制度优化》（20240106008）、《助推河南省农业创新发展的知识产权产业化模式构建及对策建议》（20240106013）、《我省民办高校创业教育的现实审视与生态系统构建研究》（2022-MBJYZXKT-014）、《新发展格局下智慧供应链赋能粤港澳大湾区高质量发展研究》（2021ZDJS118）等，在此一并表示感谢！

图书在版编目（CIP）数据

卓越经营质量管理赋能企业发展探索：瑞贝卡蝶变之路 / 曹永辉著. --北京：社会科学文献出版社，2024.6. --（新时代河南企业创新发展论丛）.
ISBN 978-7-5228-3709-3

Ⅰ. F272.3

中国国家版本馆 CIP 数据核字第 2024GB4901 号

新时代河南企业创新发展论丛
卓越经营质量管理赋能企业发展探索
——瑞贝卡蝶变之路

著　　者 / 曹永辉

出 版 人 / 冀祥德
组稿编辑 / 吴　敏
责任编辑 / 侯曦轩　王　展
责任印制 / 王京美

出　　版 / 社会科学文献出版社·皮书分社（010）59367127
　　　　　　地址：北京市北三环中路甲 29 号院华龙大厦　邮编：100029
　　　　　　网址：www.ssap.com.cn
发　　行 / 社会科学文献出版社（010）59367028
印　　装 / 三河市龙林印务有限公司

规　　格 / 开　本：787mm×1092mm　1/16
　　　　　　印　张：16　字　数：245 千字
版　　次 / 2024 年 6 月第 1 版　2024 年 6 月第 1 次印刷
书　　号 / ISBN 978-7-5228-3709-3
定　　价 / 89.00 元

读者服务电话：4008918866